洋経済

MARCH

明治　青学　立教　中央　法政

大解剖

週刊東洋経済 eビジネス新書　No.339

ＭＡＲＣＨ大解剖

本書は、東洋経済新報社刊『週刊東洋経済』２０１９年１２月２１日号より抜粋、加筆修正のうえ制作しています。情報は底本編集当時のものです。（標準読了時間　９０分）

MARCH大解剖　目次

早慶を猛追するＭＡＲＣＨ

明治、青学、立教、中央、法政の５大学は、ＭＡＲＣＨと称され、大学の世界では大きな存在となっている。

少子高齢化、グローバル化、入学定員の厳格化などで、大学は大きな変革を迫られている。全国の大学が生き残りへもがき続ける中、伝統に裏打ちされたブランド力を武器に名声を高めているのが、ＭＡＲＣＨの５大学だ。

５大学とも国際系などの新学部を設け、時代の要請に応えようと、グローバル人材の育成に力を入れる。さらに文理融合やＡＩ（人工知能）、リーダーシップといった先端教育にも着手。改革に遅れる国公立大学を尻目に、私立大学ならではの独自性を確立している。

その結果、受験生からの人気は上昇。少子化にもかかわらず、志願者数は右肩上がりだ。人気上昇に加え、定員厳格化の影響もあり、偏差値も上がっている。「進研模試」の最新偏差値では、ＭＡＲＣＨ計５４学部のうち、半数以上の２８学部が７０以上になっている。ほとんどの学部が過去最高の値で、中には早稲田大学や慶応大学を上回る学部も出ている。

伝統と革新

近代国家として日本が歩み始めた明治時代。１８６８年から始まった同時代にＭＡＲＣＨ５大学は誕生した。最も古いのが青学と立教で１８７４年だ。両校ともキリスト教を建学の精神に掲げ、２０２４年に節目の１５０周年を迎える。

法政、明治、中央は法律学校として１８８０～８５年の間に相次いで創立されている。明治と法政は建学の精神に、「自由」という言葉を掲げる。

伝統とともに多くの人材を輩出してきた。例えば法政は創立から１９年までの卒業生が計４８万１０３３人、中央も同５７万９８６１人に上る。５大学合わせると、ざっと２００万人以上の規模になる。そして各大学から約４００００～８００００人が毎年卒業し、社会で活躍している。

２０００年前後からは学部を新設するなどして規模を拡大したＭＡＲＣＨ。令和の時代にも国際化、研究大学への転換といった改革に挑んでいる。明治期からの伝統に裏打ちされた実力を武器に、今後も革新を続け歴史に名を刻んでいく。

ここからは、ＭＡＲＣＨ５大学を多角的に分析する。

（林　哲矢）

（注：各大学の基礎データについて）

学部学生数、大学院生数は明治、青学、中央、法政が２０１９年５月、立教は１９年１０月時点。大学院生数には専門職課程を含む。教員数は全大学１８年５月時点、助教以上の専任教員。学費は明治、青学、法政は１９年度に、中央は２０年度に入学した法学部生が４年間で卒業する例で、立教は２０年度入学生の初年度の学費を基に算出、一部諸会費が含まれない場合がある。

明治大学

学部学生数 3万0703人

大学院生数 2387人

教員数 1005人

学部 **10学部**

経営、国際日本、商、情報コミュニケーション、政治経済、文、法、総合数理、農、理工

学費 465万3200円

1881年	明治法律学校開校
1903	明治法律学校を「明治大学」と改称
21	大学予科校舎（駿河台）竣工
49	学校教育法により明治大学設置、法、商、政治経済、文、工、農学部を置く
53	経営学部を設置
89	理工学部を設置
98	創立120周年記念館リバティタワー竣工
2004	情報コミュニケーション学部を設置
08	国際日本学部を開設
13	総合数理学部を開設 明治大学アセアンセンター開所

【明治大学】脱MARCH「早慶明」を標榜

過激な学生運動のイメージからか、かつてバンカラな校風で知られた明治大学。だが今や、そのイメージは一新された。旬のファッションに身を包んだ女子学生がキャンパスを闊歩する、都心の人気大学へと変貌を遂げているのだ。

リクルート進学総研が毎年発表する「進学ブランド力調査」によると、過去10年の関東地区の「志願したい大学」で、明治は1位が7回、2位は3回ランクイン。女子に限っても、2015年に「おしゃれ大学」として知られる青山学院や立教を抜き、1位になったことがある。

実際、在籍する女子学生数も増えている。学部から専門職大学院までの累計で、2011年度に9888人だった女子学生数は、17年度には2割弱増加して1・

17万人にまで膨らみ、全体の35%を占めるまでになった。志願者数も18年度入試では、過去最多の志願者数を記録した1991年に迫る12万人の大台に乗った。明治の卒業生組織の1つ、連合駿台会の田村駿会長（65年卒）は、「かつては1クラス70人のうち女子は1人いるかどうかだった。当時と比べて今のキャンパスは華やかで明るい」と母校の変化を語る。

入試偏差値も早慶に迫る高さだ。進研模試の偏差値では、明治で最も伝統的な法学部が74、2008年に新設された国際日本学部が73と、早稲田の一部の文系学部を超えており、大学側は「今の明治は脱MARCH。MARCHというより〝早慶明〟」と意気込む。明治はなぜ、ここまで躍進することができたのだろうか。

「志願したい大学」女子高生人気は高い

2018年

	男	女
1	明治	早稲田
2	早稲田	青学
3	日本	立教
4	青学	明治
5	法政	日本

17年

	男	女
1	明治	早稲田
2	早稲田	青学
3	日本	明治
4	青学	立教
5	法政	慶応

16年

	男	女
1	明治	早稲田
2	早稲田	明治
3	日本	青学
4	青学	立教
5	法政	法政

（注）関東エリアの高校3年生に対する調査
（出所）リクルート進学総研「進学ブランド力調査」

都心型大学をアピール

理由の1つ目は、「都心型大学」としてのブランディングが奏功したことだ。

JR御茶ノ水駅を出て、昔ながらの楽器店街を通り抜けると、見えてくるのは高さ120メートル、地上23階、地下3階の「リバティタワー」。1998年、学部3〜4年生が学ぶ駿河台キャンパス（千代田区）にできた、明治のシンボルだ。この建物内で、全学部が一緒に学ぶ。

「タワーができる前は、至る所に喫煙所があったり、お手洗いが汚かったりしたと聞くが、今では想像もできない。タワーの1階には化粧や髪を直せるパウダールームまである。エレベーターが混んで授業に遅れがちなこと以外は、快適だった」（法・OG）と評判は上々だ。女優の北川景子（商学部）や、川島海荷（文学部）など、人気の芸能人が在学していたこともイメージ刷新にはプラスに働いた。

キャンパスの立地も、理系学部が集まる生田キャンパス（川崎市）を除けば、4キャンパス中3つが東京23区内の駅近。1〜2年生が過ごす和泉キャンパスは京王線の明大前駅から徒歩約5分、駿河台キャンパスもJR御茶ノ水駅から徒歩約3分。そして、2013年に60年ぶりに開校した中野キャンパスも、JR・東西線の中野駅から徒歩約9分の場所だ。

漫画、能を英語で学ぶ

中野キャンパスに置かれているのが、2008年にできた国際日本学部と、13年にできた総合数理学部の、新設2学部である。

中でも、高校生からの人気を集め、明治の中では女子比率が7割と高いのが国際日本学部だ。一般入試の偏差値は前出のとおり早稲田の人間科学部や上智大学の文学部などを上回り、内部進学を希望する明治の付属校生ですら、「ここ数年は、成績上位でないと入れない」（情コミュ・OB）という。法律学校を前身とし、現在も、看板学部の法、商、政治経済の3つが「花形学部」といわれる実学志向の明治だが、国際日本学部は、新看板として期待されている。

国際日本学部の特色は、日本語や英語で日本の社会や文化を学ぶことを通じ、世界へ発信する力を身に付ける点にある。専門科目の中には、「漫画文化論」「アニメーション文化論」「特撮の歴史と技術」「刀剣文化論」など、クールジャパンといわれる海外からの注目度が高いテーマがズラリ。

その1つ、「舞台芸術論」では、春学期は日本の伝統芸能、秋学期は現代演劇を学ぶ。能や狂言、宝塚歌劇団の公演などを鑑賞し、その文化的背景や第三者への紹介法について議論し合う。日本人にとってもややマニアックなテーマだが、受講生の多くは外国人留学生だ。

教鞭を執る萩原健教授が用いるのは英語。萩原教授は、「最初はぎこちなかったと思うが、日本人教員にも英語の授業が求められるのは世の流れ。完璧な英語を話せることより、意思疎通をしようという心がけが重要。これは学生にもいえることだ」と語る。

国際日本学部の名物といえるのが、2年生の秋学期以降、毎年40人程度が参加する米国ウォルトディズニーワールドへの海外インターンシップ制度だ。2009年から始まった、米フロリダ州立大学との学部間協定留学として、フロリダ州立大が提携するディズニーワールドで5カ月の間キャストとして働く。給料が支給されるうえ、学部の単位も取得できる。ディズニーファンの学生垂涎のプログラムだ。

国際日本学部の鈴木賢志学部長は、この学部のカリキュラムについて「最初は、英語が得意、漫画が好き、という理由で学部に入った学生も、勉強をしていくうちに海外との比較政治学に関心を持つようになるなど、学びが深まっていく」と語る。こうした教育を受けた学生は、外務省職員や、航空会社のキャビンアテンダントなどとして活躍しているという。留学生も多く受け入れ、「明治全体の受け入れ数の約３割を本学部生が占めている」と語る。

キャンパス改革や、時代のニーズに合った新学部設立で、イメージ刷新に成功した明治。土屋恵一郎学長は、明治を女子学生が支持する背景をこう語る。

「ある女子高の校長先生から言われたのは、『今の女子高生は、キラキラした大学より、きちんとキャリアにつながる教育をやってくれる大学に行きたがっている。だから明治を選ぶ』ということ。例えば明治には、専門学校とダブルスクールをしなくても、公認会計士になれるサポート体制がある」

実際、明治は難関資格試験の合格者を中央に次いで多く出している。それは、学内の課外講座を充実させていることも大きい。

公務員を目指す学生には「行政研究所」、公認会計士なら「経理研究所」、司法試験なら「法制研究所」がある。こうした講座に、1～2年生は週2～3回、3年生以降は週4～5回通うことで、在学中に難関試験への合格が目指せる。民間企業への就活でも、キャリア支援室の手厚いサポートを受けることができる。実際、大手金融や保険など、誰もが名を知る有名企業に人材を輩出している。

遠い研究型大学への道

土屋学長は、「社会の役に立つ」実学の明治の強さを、研究力向上にも生かそうと気を吐く。明治には、学長をトップに据えた「研究・知財戦略機構」があり、その下に、学内に散らばるさまざまな研究領域から、重点研究領域の狙いを定める「研究企画推進本部」がある。この組織で推薦された研究領域の中で、最も重要と見なされた領域は、付属研究機関である「インスティテュート」に格上げとなる。現在は、錯覚の研究などを行う「先端数理科学」、糖尿病のような病気の治療の研究に用いる生物の創出などを行う「バイオリソース」、人工骨、血管といった人間の身体の代替となる素材の開発などを行う「生命機能マテリアル」などが該当する。

2019年8月にこのインスティテュートに昇格したのが、生命機能マテリアル研究のグループだ。研究対象としているのは、骨や肝臓、血管などの組織再生を促す材料、骨の代替となるペースト状の人工骨の開発などだ。骨粗鬆症などの治療に役立つと考えられ、実用化に向けて医療機器メーカーなどと共同開発を進めている。所長の相澤守教授は「学術的な貢献ももちろん重要だが、科学者として人間の健康寿命延伸に役立つ『ものづくり』に注力したい。いずれ企業など社会で活躍する学生をしっかり育成することも重要だ」と語る。

研究担当の小川知之副学長は、「研究者任せにするのではなく、大学として戦略的に、重点を置く研究を絞り込むことが重要。そのために、自分の論文の被引用数や、海外との共同研究の状況が可視化できる外部ツールを導入し、研究力を客観的に評価できるようにしていきたい」と意気込む。

課題の理系研究力は「実用性」で勝負

理系の主な重点研究領域

先端数理科学（錯覚の研究など）

バイオリソース（研究用生物の創出など）

生命機能マテリアル
（人工骨、血管などによる再生医療の素材開発など）

人工骨の研究

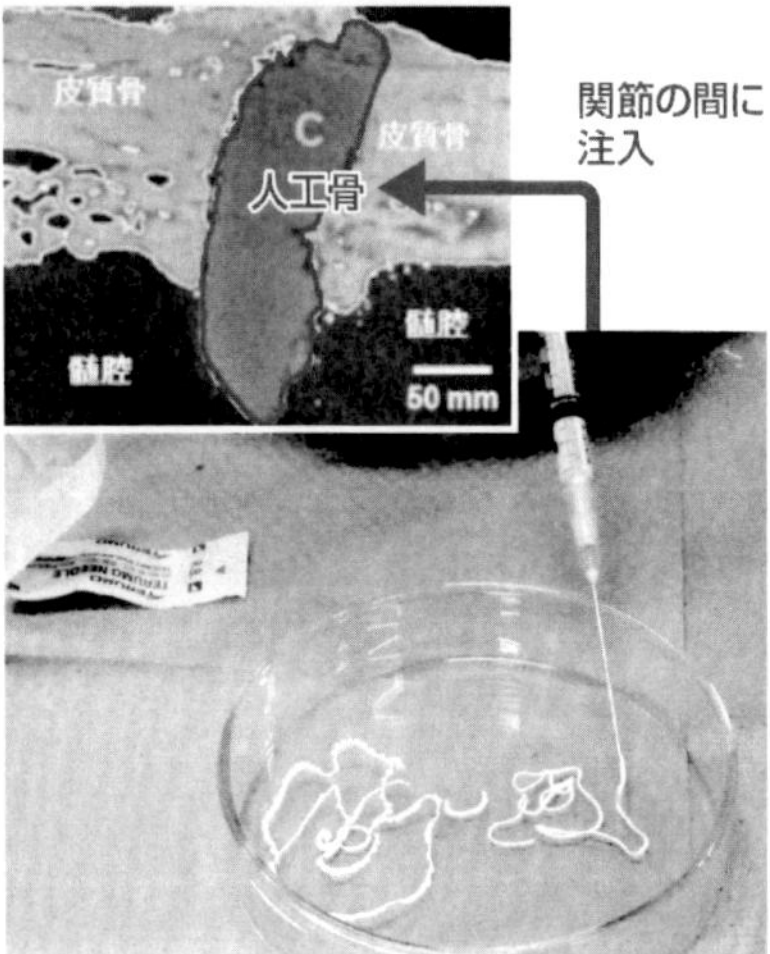

優秀な留学生や研究者の獲得競争で、中国や東南アジアの大学が台頭している今、研究力の向上は明治の国際的なブランド力を上げるのに必須。ただ、現実は厳しい。THE世界大学ランキングの順位は1001位以下で、研究力も国立大、早慶に遠く及ばない。研究型大学の証しとなる、国の研究者育成支援事業への申請も認められないなど、「研究型大学への転換」を打ち出す土屋学長の方針は道半ばだ。

日本では人気校としての地位を確立した明治だが、国際レベルで世界の優秀な頭脳を引き寄せるため、乗り越えるハードルは高い。

（印南志帆）

創立150年に向けて授業の3割を英語に

明治大学　学長・土屋恵一郎

――MARCHの中でも明治大学は、日本人の海外への留学生数、海外からの留学生数が最も多く、国際化が進んでいます。

明治大学はさまざまな取り組みを続けてきた。例えば2014年、中国の北京大学にマンガ図書館閲覧室を開設、13年にはタイのバンコクにASEANセンターを開設した。北京大学とは毎年シンポジウムを催し、ASEANセンターでは、CLMVと呼んでいるカンボジア、ラオス、ミャンマー、ベトナム4カ国の学生らと明治の学生が、フィールドワークや研究などで連携している。中国や東南アジアとの関係を考えたときに、海外の拠点は重要な存在だ。

明治は私立大学におけるリーディング・ユニバーシティーだと自負している。早稲田や慶応が何かに取り組んでも、「どうぞやってください」と皆ほとんど動かない。だが明治が動くと、ほかの大学も国際化に動かざるをえない。そういう意味で明治は先導役だ。

――今後はどのようなことに力を入れていきますか。

英語による授業の強化に注力したい。理由としては北京大学の経験が参考になる。同大学はイングリッシュ・トラック（英語で行う講義のみで学位を取得するコース）の設立が遅れた結果、優秀な学生をシンガポール国立大学（QS「アジア大学ランキング2019」で1位）や香港大学（同2位）に奪われた。いま北京大はイングリッシュ・トラックに力を入れ始めており、アジアで学生獲得の競争が激しくなっている。まだ日本の大学も北京大と同じ運命をたどるのではないかと危機感を抱いている。

日本の大学には学生が来てくれるが、そのうち日本の学生が海外の大学に奪われるという時代がやってくるだろう。

そのために、創立150周年を迎える31年度に向けて、全科目の3割を英語で教えるという体制を整えたい。そうしないと日本の高校生が明治に来てくれなくなる。

――具体策は?

すでに手を打っている。商、経営、政治経済学部に対し、英語で学位が取れるプログラムを3学部合同でつくってくれと伝えている。英語での授業の割合は足元では4%ほど。3～4年後には15～20%に引き上げたい。

英語の授業を増やすために、「英語で講義できる教員を採用してほしい。できなければ採らなくていい」と言っている。仮に日本文学の講義が担当でも、英語で授業できなければ採らないで、と。そうすれば、いずれは3割を達成できる。英語の授業を拡充できないと、学生が集まらなくなる。

教員の獲得でも、例えばシンガポール国立大とのクロスアポイントメント(教員や研究者が大学など2つ以上の組織と雇用契約を結ぶこと)なども1つの案。学生も1年目は明治で、その後シンガポール国立大や香港大で学び、4年目に明治に戻ってきて卒業という構想も考えられる。今はインターネット環境が発達し、オンラインで授業を受けられる。その利便性を生かすのも1つだ。

――23区規制（東京23区内にある大学の定員を規制する政府の方針）に反対だと。

23区規制により、マイナス影響を受けている。まず学生の同質性が非常に高くなっていること。23区規制の根拠は「地方創生のために、地方から学生を流入させない」ということだ。その結果、首都圏出身者の比率が高まっている。

また同規制により私立大学は新しいことができない。例えば新学部の設立。明治もデータサイエンス学部などを新設したいが、規制のせいでなかなか実現が難しい。政府は「新学部をつくるなら学部を再編しろ」と言っている。新しい学部をつくるために、どこかの学部を潰すなど非現実的だ。足かせばかりの同規制には大反対だ。

大学ランキングを上げる

―― 大学ランキングについては。

非常に意識している。理由は海外大学との提携だ。最近も大学ランキングのおかげで痛い目に遭った。連携協定を結ぼうと南アジアのある大学と話し合っていた。すると、「われわれより大学ランキングが低い明治とは組まない」と断られた。今後起こらないようにするためにも、ランキングの順位は意識して上げていく。そのために、英語論文や海外の研究者との共同論文をぜひ書いてほしいと、教員にお願いしている。

（聞き手・印南志帆）

土屋恵一郎（つちや・けいいちろう）

1946年生まれ、東京都出身。1970年明治大学法学部卒業、77年同大大学院法学研究科博士課程を単位取得満期退学。同大法学部長などを経て2016年4月より現職。専門は法哲学。

青山学院大学

学部学生数 1万8077人

大学院生数 1198人

教員数 568人

学部 **11学部**

教育人間科学、経営、経済、国際政治経済、コミュニティ人間科学、社会情報、総合文化政策、地球社会共生、文、法、理工

学費 481万円

1874年	ドーラ・E・スクーンメーカー、津田仙の助力を得て「女子小学校」を麻布に開校
83	寄付により青山に土地を購入、「東京英学校」を移転し「東京英和学校」と改称
1949	新制大学「青山学院大学」を開校。文学部、商学部、工学部を置く
53	商学部を経済学部に改組
66	経営学部を設置
82	国際政治経済学部を設置
2003	相模原キャンパス開学
08	総合文化政策学部、社会情報学部を設置
09	教育人間科学部を新設
15	地球社会共生学部を設置
19	コミュニティ人間科学部を設置

【青山学院大学】相模原はアジア留学で差別化

「4限が終わったら、あのお店に行こうよ」。学内の書店に併設されたブックカフェで一息ついていた女子学生のグループは、放課後の寄り道計画について話に花を咲かせていた。

青山キャンパス（東京都渋谷区）があるのは、東京メトロの表参道駅から徒歩5分ほどの一等地。1883年、横浜・山手にあった前身の英学校が移転して以来の伝統の土地だ。周囲には、高級ブティック、カフェ、商業施設が星の数ほどある。青学といえば、この立地ならではの華やかな大学生活がイメージされるが、実態も「外部の印象とそう差はない」（国際政治経済学部OG）という。

だがかつては、入学後すぐに憧れの青山キャンパスに新入生が通えるわけではなかった。1982年度からは厚木キャンパス、2003～12年度は相模原キャンパス（神奈川県相模原市）で、1～2年生は学んだ。在学生からは「通いにくい」と不評で、志願者数も伸び悩み、13年度に4年間同じキャンパスで学ぶ「一貫教育」へ変わった。

これが、青学の人気向上にプラスに働いた。志願者数は、14年度以降、右肩上がりだ（18年度は、私大の定員厳格化策の影響で減少）。リクルート総研が毎年発表する「進学ブランド調査」では、「志願したい大学」（関東エリア）の19年版で、女子が早稲田に次ぐ2位、男子も4位と高い。

■ 入試志願者は増加傾向

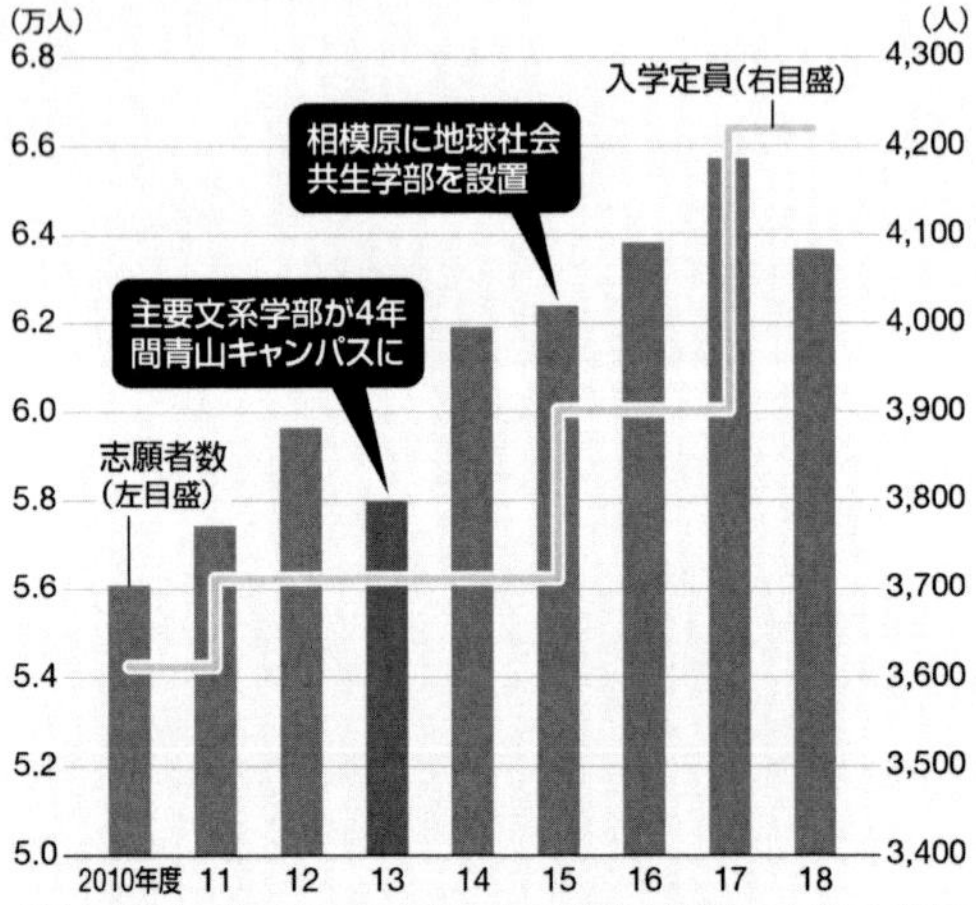

(注)志願者数は編入学も含む。2018年度は首都圏大規模私立大学における定員管理の厳格化の影響で、各大学の志願者が減少している
(出所)青山学院大学の各年度事業報告書

青学を語るうえでは、付属校から進学してくる内部生の存在も重要だ。青学は青山キャンパス内に幼稚園から高校までの付属校を持ち、独自の校風を体現する核となる人材を育成。幼稚園からの一貫教育を行うのは、MARCHで青学だけだ。幼稚園には経営者や芸能人の子どもも多い。参議院議員の蓮舫氏は、自身が幼稚園から大学まで青学に通い、子どもの学校選びでは「青学以外は考えられなかった」という。

高等部では約8割、毎年400人程度が青学に進学する。こうして培われる内部生の強い人間関係は、学内のテスト対策や就職活動などで強みを発揮する。校友からの寄付金収入も、10億円超（16〜18年度平均）と、MARCHでいちばん多い。

愛校心のある青学生を増やそうと、いま進めているのが系属校の拡大だ。16年には横浜英和女学院（中・高）、19年には埼玉の浦和ルーテル学院（小・中・高）が、「青山学院」の名を冠する系属校になった。系属校になれば、募集枠の範囲内で青学に進学できる。

■ **MARCHで唯一、幼稚園からの一貫教育**
—青学の付属校（青山学院）人数一覧—

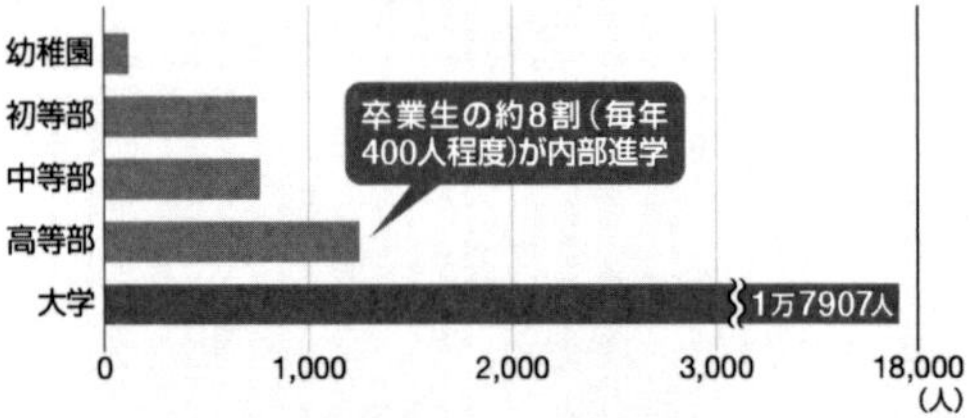

（出所）青山学院の2018年度事業報告書、青山学院高等部のHP

新学部は「英語漬け」

現在の青学の中で地殻変動が起きているのは、メインの青山ではなく、のどかな住宅街に位置する相模原キャンパスだ。1～2年生の青山移転で空いた教室を使い、新学部が続々とできている。2008年に社会情報学部、15年に地球社会共生学部、19年春にはコミュニティ人間科学部が新設された。既存の学問領域にとらわれない学際的な教育が特徴で、社会課題に対する意識の高い学生から支持を得ている。

その筆頭が、地球社会共生学部。同学部の偏差値（19年、進研模試）を見ると、現在の青学の看板学部、国際政治経済学部や文学部（ともに71）に次ぐ70。志願倍率も11倍を超えるなど人気を博している。同学部の1～2年生の時間割りを見ると、「英語漬け」といえるほど英語のコマ数が多い。例えば、能力別に分けられた少人数制の「Academic English」のクラスは週6コマある。

ここまで力を入れるのは、2年生の後期に全員必修の留学が控えているからだ。学生は、「IELTS」なら5・0以上など、留学に必要な英語資格のスコアを1年生の後期で取得することを目指す。学部長の升本潔教授によれば、「英語の好きな学生が入ることもあるが、95％の学生が1年後期で留学に必要なスコアをクリアした」と語る。

留学先は、学部間協定校のあるタイとマレーシアが中心。経済成長著しい東南アジアを肌で知ることで、「自分なりの視野を広げて課題を見つけてほしい」（升本教授）というのが狙いだ。留学以外の時期でも、学部にはアジア中心に海外からの留学生が多く在籍し、ともに学ぶ。正門のすぐ前には、17年に完成した国際学生寮があり、ここに日本人学生が入寮することも可能だ。こうして異文化と接した19年3月卒の1期生は、旅行・観光業に複数就職したという。

伝統背負う英米文学科

今をときめく国際系の地球社会共生学部に対し、伝統学部も負けていない。「英語の青山」を背負うのが、文学部英米文学科だ。特徴はイギリス文学、アメリカ文学、英語教育学といった人文学を通して英語を学ぶこと。教員にも著名な文学者が名を連ねる。独自のカリキュラムの下、1~2年時に「聞く」「話す」「読む」「書く」の4技能を網羅的に学ぶ。授業は週4コマあり、その半分は、欧米系のネイティブ教師が担当。3~4年生で関心のあるコースに進む。

6つあるコースのうち、英語教育学コースの名物ゼミが、英語の教科書の監修を多く手がける初等英語教育の第一人者、アレン玉井光江教授のゼミだ。ゼミでは毎年、夏休みの3日間、都内の公立校の小学生に英語を教える実習がある。数人のグループをつくり、すべて英語で授業をする。アレン教授は「学生は、しっかり準備をして臨んでも初日に子どもたちがついてこず、自信喪失して帰ってくる。2日目からは、身ぶり、声の出し方を工夫し出す。子どもに教えれば、自分に足りない部分が鏡のようにわかる」と実習の意義を語る。コースからは、累計で180人超の英語教員を輩出してきた。

ブランド力のある伝統の学部だけに女子人気も高い。英米文学科のある文学部は女子比率が75%と全学部で最も高い(19年度)。華やかなキャンパスを持つだけに、大学全体の女子比率がもともと高いが、文学部の比率は際立つ。文学部の就職先上位を見ると、日本航空、全日本空輸、ＪＡＬスカイがトップ３。女子学生から人気が高いキャビンアテンダントなどとして多くが活躍する。

新興と伝統の両輪で、「英語の青山」としての威信を示す青学。ただ、海外派遣者や受け入れ留学者がＭＡＲＣＨ他大学と比べ少ないなど、国際化は遅れている。受け入れ留学者について三木義一・前学長は、「量を求めて誰でも受け入れるのは無責任だ。青学の留学生向け日本語試験は難しいといわれるが、きちんと単位を取って卒業してもらうためにこれは譲れない」と語る。それも１つの考え方だ。

もちろん改善策も用意する。英米文学科や国際政治経済学部、理工学部の大学院などでは、英語科目のみで学位が取れるプログラムを用意している。

米国人宣教師によって設立された青学。英語教育の伝統は、時代に即して少しずつ変わろうとしている。

（印南志帆）

INTERVIEW　新・旧学長に聞く

新学部に手応え　実践的な英語を全学部に

青山学院大学　学長・阪本　浩／前学長・三木義一

文系学部の青山キャンパス回帰、新学部設立などの改革を進める青山学院大学。三木義一前学長、2019年12月16日付で就任した阪本浩新学長に、改革の成果や今後の取り組みを聞いた。

――13年度から、文系学部4年間の就学キャンパスが青山に集約されました。狙いを教えてください。

【阪本】 全学共通の教養教育である「青山スタンダード」は相模原キャンパスを開学した2003年に始まった。それ以来、すべての学部の1～2年生が相模原キャンパスで教養科目を学んでいた。

ただ、学部の増加に加え、専門教育を早くから始めたいという要望も学部から出てきた。さらに学部や学科に関係なく、学生が自ら選んだ教員と交流する「アドバイザー・グループ」という青学独自のシステムの活動をするうえでも、1～2年生と3～4年生でキャンパスが分かれてしまうのは都合が悪かった。これらを踏まえ、やはり4年間、同一キャンパスで教育することが重要だという結論に至った。

――一方、相模原キャンパスには2015年に地球社会共生学部を、19年にコミュニティ人間科学部を開設しました。

【三木】青山キャンパスは、これ以上学生を増やすのが物理的に難しい。だが、社会の変化に伴い、大学で教えるべき領域はどんどん増えている。従来にない分野の学部をつくろうとすると相模原になる。

地球社会共生学部は、アジアで活躍できる人材を育成するため留学を卒業要件にした、思い切ったコンセプトの学部だ。就職の実績も良好で、社会の要請を的確に捉えられたと思っている。

コミュニティ人間科学部は、地域を立て直したり活性化したりできる人材を育成するための学部だ。

【阪本】相模原は最先端の研究設備のほかに、運動施設などもあり、社会に開かれたキャンパスを目指している。地域や企業、ほかの教育機関との連携を図る拠点だ。既存の学部の枠に収まらないような、文理融合の研究も志向していく。

――阪本新学長は今後どのような改革を進めていく考えですか。

【阪本】まずは入試と教養教育の改革を進めていきたい。21年度入試から大学入学共通テストと学部の独自問題を組み合わせた入試をほとんどの学部で採用する予定だ。学部の独自問題は思考力、判断力、表現力を問う総合問題だ。例えば、内容は社会だが質問は英語、といった具合だ。私大だから3教科という時代は終わりにしたい。

受験対策は難しくなる

受験対策は従来よりも難しくなるだろう。「自分は偏差値でこの辺だから青学を受ける」というよりも、この学部で学んでみたいという人に積極的に受験してほしい。

新しい入試で入ってきた学生に対する教育も、さらに充実させていかなければならない。その1つが実践的な英語力の養成だ。現在は総合文化政策学部と地球社会共生学部の学生が留学を意識して、課外の英語講座を受講している。これを全学共通の正式な科目として拡充したい。

阪本　浩（さかもと・ひろし）

1954年生まれ。78年青山学院大学文学部史学科卒業、80年文学修士（東北大学）。青山学院大学副学長を経て2019年12月から現職。

三木義一（みき・よしかず）

1950年生まれ。73年中央大学法学部卒業。法学博士（一橋大学）。弁護士。2010年青山学院大学法学部教授。15年12月から19年12月まで青山学院大学学長。

（聞き手・常盤有未）

立教大学

学部学生数 1万9166人

大学院生数 1088人

教員数 618人

学部 10学部

異文化コミュニケーション、観光、経営、経済、現代心理、コミュニティ福祉、社会、文、法、理

学費 470万6000円

1874年	主教のウィリアムズが聖書と英学を教える私塾を開始
1907	立教大学と改称、文科、商科、予科を置く
18	池袋に移転
49	新制大学として認可。文学部、経済学部、理学部を置く
58	社会学部を設置
59	法学部を新設
90	新座キャンパス開校
98	観光学部、コミュニティ福祉学部を開設
2006	経営学部、現代心理学部を設置
08	異文化コミュニケーション学部を新設
17	Global Liberal Arts Program (GLAP)開設

【立教大学】「リーダーシップ開発」授業がすごい！

池袋駅西口の雑踏を抜けてしばらく歩くと、「秘密の花園」のような美しい校舎と、洗練された身なりの学生たちが行き交うキャンパスが出現する。立教大学だ。

明治初期に米国人宣教師が創設した、聖書と英学を教える私塾を発展させ、2019年で創立145年を迎えた立教。面倒見のよさと、キリスト教に基づく伝統的なリベラルアーツ（教養）教育に定評がある。保守的なイメージとは裏腹に、実は時代の要請に合わせて積極的に学部やカリキュラムの新設を進めてきた、トレンド感度の高い大学でもあるのだ。

1998年には、新座キャンパスに観光学部とコミュニティ福祉学部を設立。2006年には、池袋キャンパスに経営学部、08年には同地に異文化コミュニケーション学部を新設した。いずれも、人気学部となっている。

全学共通で学ぶ「リベラルアーツ」科目群

	構成	科目名（一部）
言語系科目	英語	・ディスカッション　・リーディング&ライティング ・プレゼンテーション　・eラーニング　など ・自由科目
	第2外国語	・第2外国語基礎　など ・自由科目（第3外国語など）
総合系科目	学びの精神	・世界史の中のキリスト教 ・自然科学の研究　など
	多彩な学び	1：人間の探求 聖書、哲学入門　など 2：社会への視点 経済入門、日本国憲法、メディアと人間　など 3：芸術・文化への招待 日本美術、音楽と社会　など 4：心身への着目 ストレスマネジメント、心の科学　など 5：自然の理解 数学、宇宙の科学、自然と人間の共生　など 6：知識の現場 リーダーシップ開発（GLP）、 国連ボランティア　など
	スポーツ実習	

卒業単位数の3分の1

（注）この中から、言語系科目10、総合系科目18単位以上を履習する
（出所）「RIKKYO UNIVERSITY 2020」

ＭＡＲＣＨの中でも最難関といわれるのが、最も新しい異文化コミュニケーション学部だ。いわゆる〝国際系〟学部として、海外志向の学生から高い支持を得ている。１９年度入試の偏差値は７５。上智の5学部、早稲田文系3学部をも上回る数値となった。志願倍率は１３・2倍で、立教の全学部の中で最も競争率が高い。

異文化コミュニケーション学部の特徴は、日本語と英語に加え、第2外国語の習得も目指す充実した語学系科目と、全員参加の海外留学にある。２０人程の募集ながら、卒業に必要な専門科目をすべて英語で受講できるコースも設けられており、海外からの留学生も多く在籍している。

大学内では、「日本人の学生でも、ネイティブレベルで英語が話せる帰国子女が多く、欧米ノリの雰囲気。大学内の海外大学」（経済学部の男子学生）と別格の存在という。

■ 新設2学部が偏差値で早稲田・教育以上に

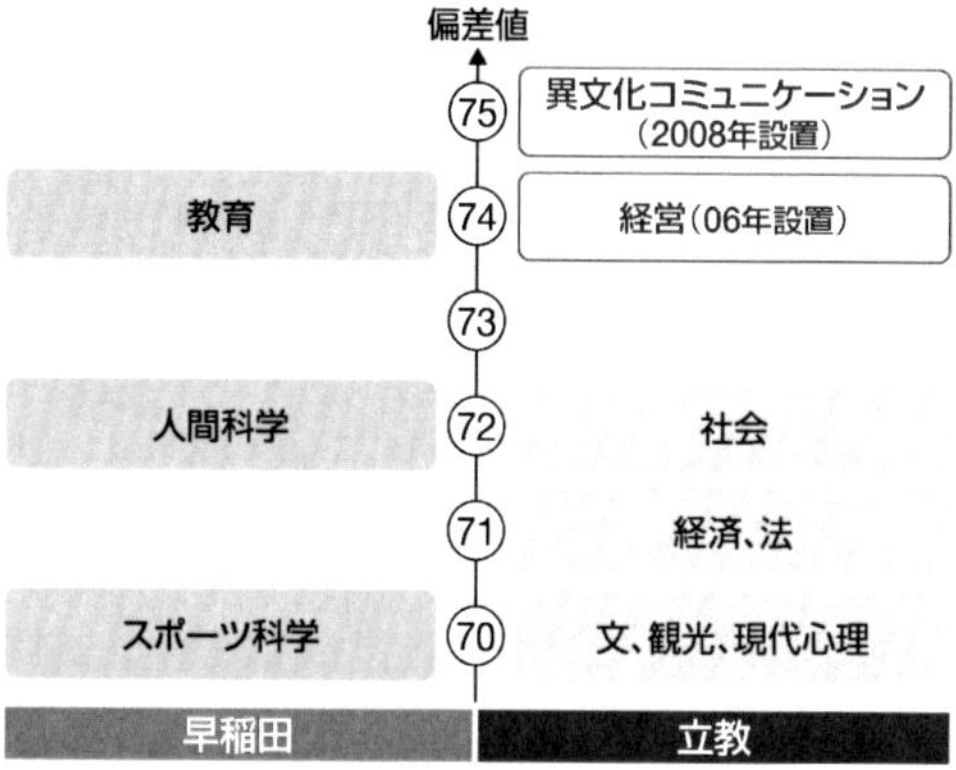

(出所)ベネッセコーポレーション「進研模試」

経営学部の白熱教室

学生の間で、立教の看板学部と認識されているのが、経営学部だ。偏差値は異文化コミュニケーションと僅差の74で、しかも設立以来年々難化している。「大学内ヒエラルキーの頂点に位置している。就職活動で狙う会社もいわゆる大手が多く、おとなしい学生の多い立教の中では、ガツガツしたエリート志向の人が多い」(文学部OG)との声もある。事実、就職先の上位には、ソフトバンク、三井住友海上火災保険、アクセンチュアなど、人気企業が並ぶ。

経営学部の名物授業が、チーム内でのリーダーシップについて実践的に学ぶ「ビジネス・リーダーシップ・プログラム」(BLP)だ。このBLPを目的に、入試で早慶に合格したにもかかわらず、立教に入学した学生もいたという。

リーダーシップ開発といっても、何もスティーブ・ジョブズのような天才的カリスマを生み出すことが目的ではない。米国の大学ではすでに広く普及する、「権限がなくとも、他を巻き込んで目標を達成する」という新しい形のリーダーシップの思考能力を開発するもの。5〜6人の少人数グループに分かれ、提携企業から与えられたビジネス上の課題を解決するための案を考え、最終的には企業の前で課題解決策を提案する、という経営コンサルタントさながらの実践的な授業である。

一連のプロセスを通じて、リーダーシップの3タイプである「率先的に行動する」「同僚を支援する」「目標を共有する」の中から自分に合うものを自覚し、チームの中で生かす方法を身に付けるのが目的だ。他大学や企業からの注目度も高く、「この授業で目立っていた学生が、就活のときに、某有名コンサル会社から直々に『うちに来ないか』と言われていた」（経営学部OB）との話もある。

経営学部から生まれたこの授業は今、立教全体の「目玉」になっている。2013年からは、経営学部のみだったBLPを継承、発展させ、全学部で1年生から受けられる「グローバル・リーダーシップ・プログラム」（GLP）が開講され、これまた毎年400名以上の学生が受講する人気授業となった。

今回、実際に授業を見学させてもらった。行われていたのは、受講生の4分の1を海外からの留学生が占める英語クラス。取り組む課題は、日本マクドナルドから出された「若者に向けたビッグマックのデジタルマーケティング法」。受講生は10人未満の少人数グループに分かれて白熱した議論を繰り広げていた。

上級生が授業を先導

目を引いたのは、教壇に立ち、作り込まれたスライドを見せながら授業の趣旨を説明し始めたのが、教員ではなく学生だったことだ。彼らは、GLPの受講経験がある上級生から選ばれた「SA」（スチューデント・アシスタント）である。授業中、留学生から課題の趣旨について英語で質問が飛んだが、それに答えたのもSA。教員が口を挟むのは、軌道修正程度だった。

GLPのコースリーダー、岩城奈津専任講師は、あえて学生に授業を運営させる意味をこう語る。「教員と学生の間には、意識せずとも権限の有無の差がある。授業の目的である『権限なきリーダーシップ』養成のうえでは、学生が同じ立場の学生に教えることに意味がある」と語る。SAの業務はいわば、リーダーシップ開発プログラムの〝総仕上げ〟だ。SAの1人、経営学部3年生の辻遥香さんは、受講生時代にSAに憧れ、教員からのオファーを受けた。「この授業から学んだのは、何事も1人で頑張る必要はないということ。違う背景を持つ人とチームになれば、周りを動かす影響力を与えられる」と成果を語る。

授業から得た学生のデータは、経営学部に設置されたリーダーシップ研究所で学問として深化させる。18年には、組織開発の第一人者、中原淳氏を東京大学から教授として研究室ごと招聘。中原教授は、「今後は、授業を受けた学生が、どこに就職し、入社後どう活躍するかまで追っていきたい。目標は『偏差値至上主義』をなくすこと。今後は、入り口より出口の指標の重要性が増していく。在学中の成長度合いがわかれば、大学の意味を社会にアピールしやすくなるはずだ」と意気込む。

2020年には、企業でも需要が高まるリーダーシップ教育の担い手育成を目的に、大学院の経営学研究科に「リーダーシップ開発コース」を新設する。中原教授が取りまとめ役だ。説明会には、10人の募集に600人超が押し寄せた。人材業界に加え、企業の現場統括者なども入学を検討しているという。

同じく20年にスタートする大学院が、「人工知能科学研究科」である。育成を目指すのは、AIエンジニアというより、文系でも技術を理解し、ビジネスで製品開発や経営判断ができる人材。「AIと倫理」の授業は修士1年の必修だ。講師陣には、スクウェア・エニックスでゲームAIの研究をする三宅陽一郎氏や、ソニー出身で、小売店でのAIカメラ活用に取り組むトライアルホールディングスの松下伸行氏など、著名なAI技術者が名を連ねる。

全学にAI教育を

発起人の内山泰伸教授は、「大学院で得る成果を、学部学生向けの全学共通科目として広げていく。立教には学部の専攻以外に副専攻を学べるシステムがあるので、AI×古文書解読といった学際的な学びができるように学内調整を進めている」と語る。

学部にかかわらず、卒業に必要な単位の3分の1は幅広い教養科目で構成されるのが立教の特色。20年度には、グローバル人材育成の一環として、1年生の秋から英語のディベート授業を導入し、それに伴い21年度入試の英語問題も4技能（読む・書く・話す・聞く）の能力が測れるTOEICなどの外部試験を取り入れる。今後も、時代を先取りした矢継ぎ早の改革で、組織を支えるリーダーを輩出し続けていきそうだ。

（印南志帆）

今こそ重要な教養教育・AI教育を全学部対象に

立教大学　総長・郭　洋春

――文化から自然科学まで広く学ぶリベラルアーツ（教養）教育を重視しています。どのような力を養えるのですか。

単なる「物知り」を育てるわけではない。ものの見方や考え方を教えるのが、立教が考えるリベラルアーツ教育だ。人生の構想力を培う教育とでもいおうか。

この教育理念のルーツは145年前、創設者のウィリアムズ主教にさかのぼる。欧米諸国に追いつくため、実利主義を追求していた当時の日本社会に警鐘を鳴らし、異文化理解、相互依存の精神を根付かせようとした。そこで、当時米国で始まっていたキリスト教由来のリベラルアーツ教育を、日本で初めて取り入れた。明治、中央、法政の実学重視とは異なる。創立から一貫してこの理念を持ち続けてきたが、今、ようやく時代が立教の理念に合ってきた。

――なぜ今、リベラルアーツ教育が必要なのでしょう?

現在は、グローバル化の中で過当競争が激化し、「人を押しのけても自分が」という時代。だからこそ、自分がどう考え、どう社会に貢献できるかを構想する力の重要性が増している。

端的にこれを証明するのが、19年4月に複数大学と経団連が首相に提出した「Society 5.0人材育成分科会」の資料。これからの時代に必要な論理的思考力と規範的判断力を身に付けるには、リベラルアーツ教育が必要だ、とある。うちが昔からやってきたことだ。ただ、創立者の教えは「道を伝えて己を伝えず」。やっていても派手に言わない。学生も同じで、「立教生は優秀だけどおとなしい」とよくいわれるが、物事はきちんと捉えている。

参謀を育てる

――全学部共通科目の「リーダーシップ開発プログラム」を取材し、学生の熱心さに驚きました。カリスマ的リーダーだけを育成する授業ではないのが特徴です。

立教が考えるリーダーというのは、トップランナーを支えるサブリーダー、いわば参謀だ。ソフトバンクの孫正義さんのようなカリスマは組織に1人いればいいが、サブリーダーは複数必要だ。リーダーをしっかり支える力を養うのが目標だ。授業では、提携企業から与えられた課題に取り組む。3月まで高校生だった学生が、4月からは企業の人と話をする。大学卒業後は社会で活躍するのだから、できるだけ早く企業の課題に触れ、理解することで、そこから自分に足りない学びが何かもわかる。

――一方で総長就任以降、「グローバル・リーダー」の育成を強く打ち出しています。新たに始めた取り組みはありますか。

2020年より、1年生の秋学期から英語のディベートの授業を全学部必修科目として導入する。異文化理解のためには、コミュニケーション能力が必要だが、大事なのは伝える力ではなく、伝わる力。２００８年から1年生には英語のディスカッションを必修にしているが、1段レベルを上げて、国際的に通用する力を習得させる。そのための投資は惜しまない。

――21年度入試から、全学部で英語の独自試験を廃止し、4技能（読む・書く・話す・聞く）を測れる民間試験を導入します。

1年生からディベートを導入するとなると、「読む」の1技能しか身に付いていない学生は苦労する。そのためには、多技能を求める入試に変えよう、という流れ。文部科学省が打ち出す入試改革ありきの他大学とは順番が逆。つくりたい人材像が明確にある。だから入ってくる学生の質も変える。

――20年から「人工知能科学研究科」を開設します。その狙いは。

ＡＩ（人工知能）の研究をするのはデータサイエンティストだが、ＡＩは今後5年、

10年で社会により普及していく。その段階では、社会で活躍する人材の圧倒的多数を占める文系の人間も、理解しないといけない。それに先んじて、データプロデューサー、プランナーといった人材をつくろうというのがこの研究科の狙い。修士1年生の必修にしたのが、AIと倫理の授業。AI教育に躊躇する大学の多くは、AIの非平和的な利用を危惧するが、それを自ら軌道修正して、AIを平和のために使う人材を育てることが重要だ。将来的には大学院に限定せず、全学部にAIの教養教育を広げる。文学とAI、観光とAIといった学び方もできるよう検討しているところだ。

（聞き手・印南志帆）

郭　洋春（かく・やんちゅん）
1959年東京都生まれ。83年法政大学経済学部卒業。85年立教大学大学院博士前期課程修了、88年同博士後期課程単位取得退学。2001年から同大経済学部教授。18年から現職。

中央大学

学部学生数 2万4873人

大学院生数 1332人

教員数 690人

学部 8学部

経済、国際経営、国際情報、商、総合政策、文、法、理工

学費 453万9200円

1885年	18人の法律家によって英吉利法律学校（イギリス ホウリツ ガッコウ）として創設
89	東京法学院と改称
1905	中央大学と改称し、経済学科を新設
09	商業学科を設置、3学科体制に
26	駿河台校舎が完成
49	工学部を新設
51	文学部を設置
62	工学部を理工学部に改組
78	法、経済、商、文学部を多摩へ移転
93	総合政策学部を新設
2019	国際経営、国際情報学部を設置

【中央大学】法学部移転で狙う名門復活

「眠れる獅子がようやく動き出した」。中央大学のある教員は、今の中央をこう語る。

MARCHのほかの4大学はこれまで、時代の要請に応えようと学部を次々と設置した。なかでも新設が相次いだのが、グローバル人材の育成を目指す国際系学部だ。

例えば明治大学は2008年に国際日本学部を、立教大学も同年に異文化コミュニケーション学部を、法政大学も1999年に国際文化学部、2008年にGIS（グローバル教養学部）を設置している。結果、2000年にMARCH5大学で計35だった学部数は、18年には51にまで増えた。

一方、学部の新設が遅れたのが中央だ。1993年の総合政策学部を最後に、学部の新設がなかった。他大学が先行した国際系も遅れに遅れた。その中央が19年、

26年ぶりに開設した学部が国際経営学部、国際情報学部だ。福原紀彦・中央大学学長は「グローバルスタンダードに基づいた教育を施そうと、2つの新学部名には『国際』を入れた」と狙いを語る。

国際経営学部は多摩キャンパス（東京都八王子市）に置き、初年度の学生数は309人。多くの留学生を受け入れることを前提としており、今後、入学定員300人のうち、50人程度は留学生になる見通しだ。

留学生は、入学が春と秋に分かれ、春は日本語能力が高い学生、秋は日本語能力を問わない学生が対象になる。初年度は秋に13人が入学。中国、韓国などのアジア、スウェーデンといった欧州、また南米出身の学生が入学した。「秋入学は30人ほどにまで増やしたい」と河合久・同学部長は言う。

■26年ぶりに新設した学部は高倍率 —新設学部の概要—

学部名	国際情報	国際経営
キャンパス	市ヶ谷田町 (東京都新宿区)	多摩 (東京都八王子市)
学生数	151人	309人
倍率	11.6倍	7.9倍
特徴	教育は「IT」「法」「グローバル教養」が3本柱。プログラミングや憲法・民法・刑法を学び、情報と法を融合。英語教育にも力を入れる	経営学などを英語で教えることで、グローバル人材を育成。1年目の夏休みから短期留学の制度も。全科目の7割が外国語(主に英語)

(注)倍率は2019年の入試、志願者数÷合格者数で算出 (出所)大学通信調べ

卒論も英語で執筆

日本語能力を伴わない学生を受け入れるだけに、全科目の7割の講義を英語などの外国語で行う。「外国語による授業だけで卒業できるようカリキュラムに特色を持たせた」（河合学部長）。卒論も必修で、英語などで書く必要がある。同学部が受け皿となることで、今後は留学生の増加が期待される。

そうした海外からの学生を受け入れる体制づくりも、多摩キャンパスで並行して進みつつある。

キャンパスの最寄りの駅である多摩都市モノレール「中央大学・明星大学」を降りてすぐの場所では、ある建築工事が急ピッチで進む。20年4月に開所した中央の「国際教育寮」だ。日本人と外国人留学生が暮らすオンキャンパスの寮で、「定員300人のうち、3分の1から半数ほどを留学生に割り当てる」と、白井宏・国際センター所長は言う。寮費は光熱費込みで月6万2800円。1人1部屋の個室を持て、6部屋ごとに共同のリビングがある。開放的なキッチンやラウンジもあり、寮というよりもシェアハウスという表現が近い。

白井所長は、「今の学生は就職後に海外転勤や出張、国際業務などに携わる機会も多く、英語でのコミュニケーション能力を学生時代から高めておく必要がある。新しい寮は国際化を意識した学生の育成に貢献できる」と、意気込みを語る。

国際寮の横では、国際会議などを開催できる「グローバル館」（仮称）も建設中だ。新設学部、国際教育寮とともに多摩キャンパスのグローバル化を後押しする存在となりそうだ。

国際経営学部と同じく、2019年誕生したのが国際情報学部だ。国際情報はJR市ケ谷駅の近くにキャンパスを置く。

「IT（情報技術）」「法」「グローバル教養」を3本柱にしており、ITではプログラミング、法では民法や刑法、グローバル教養では英語や哲学、倫理学を必修にしている。「中央の強みである『法』を生かしつつ、ITを掛け合わせた学際的な学びとした点が特長。英語に力を入れることで、グローバルに活躍できる人材を育成する」と平野晋・国際情報学部長は語る。とくに今の時代はAI（人工知能）の発展に伴い、

「例えば『自動運転車が事故を起こしたら誰の責任なのか』というような、これまでにない新しい問いが生まれている。企業も今後、ＡＩをさらに活用することで、さまざまな問題に直面するはずだ。そういったＩＴと法に詳しい人材を輩出したい」（平野学部長）。

多摩とは違う都心の立地を生かし、企業との関係も構築。３〜４年次の授業の一部は、大手インターネット企業やゲーム会社などの実務家が担当する。社会の第一線で活躍する人から学べる機会があるのも同学部の強みだ。ゼミは必修で、卒論か卒業制作の提出が求められる。「必修で学んだプログラミングの知識を生かし、新しいサービスを考案するなどの可能性が考えられる」と、平野学部長は語る。

学びの内容が新しくアクセスのよい場所だけに、初年度の志願倍率は１１・６倍と高い数字となった。女子の人気も高く、女子学生比率は４６％と他学部に比べて高い。

法学部が都心に来る

そして、中央で最も大きな改革が法学部の都心移転だ。

2023年に現在の多摩キャンパスから茗荷谷（東京都文京区）の新キャンパスへ移る。1年生は既存の後楽園キャンパス（東京都文京区）で、2〜4年生は茗荷谷で学ぶ予定だ。

1885年設立の英吉利法律学校が発祥の中央。もともと東京都千代田区の駿河台にキャンパスがあった。だが、1978年に多摩に移転した後、長らくトップを維持していた司法試験合格者数の低迷が始まる。多摩移転によって、「都心からの移動に時間がかかり、弁護士になった卒業生が指導に来られなくなった」「郊外の立地を敬遠し、法学部に来る優秀な学生が少なくなった」などと、学内では言われている。都心移転で卒業生との交流が増えるほか、優秀な学生の確保につなげたいともくろむ。

また5年一貫型の法曹コースへの対応も視野に入れる。国が20年度から始める制度で、3年間で学部を卒業した後、2年間の法科大学院の既修者コースに進学し、法律家になる道が整備される。福原学長も「都心移転により大学院と連携しやすくなる。さらに、法、国際情報、理工という3学部が都心にあることで、新しい形の文理融合が生まれるのではないか」と期待する。「すでに都内の高校の先生から『法学部の都心移転に期待している』との声を聞く」と大久保陽造・入学企画課長は語る。

法学部に定評のある大学だけに、中央には今も全国から優秀な学生が集まる。司法試験だけではなく公務員試験にも強く、国家公務員総合職の合格者数（17〜19年度の合計）は160人と、私立大では慶応大学、早稲田大学に次ぐ。地方公務員にも多くの人材を輩出しており、「東京都庁には『石を投げると白門（中央の通称）に当たる』という言葉があるほど」と、中央の同窓会組織、学員会本部の大木田守・副会長は言う。学員会東京都庁支部には現役の課長級以上の職員が200人以上名を連ねるといい、巨大組織となっている。

地域バランスでは、合格者の首都圏（東京、神奈川、千葉、埼玉の1都3県）比率が他4大学で7割を超える中、中央は60％台を維持している。「エリア担当者制を設けることで、首都圏以外の高校にも積極的に訪問し、地方の入試会場も設けている。

地方出身者が集まる『全国型大学』を堅持する」と大久保課長は話す。

中央は変化を続けるが、残念なのは卒業生からの寄付が少ない点だ。年間の寄付金収入（16〜18年度の平均）は3・2億円と、MARCHトップである青学の10・1億円の3割に過ぎない。4位の法政の5・0億円と比べても差は明らかだ。

大学は創立140周年を迎える25年に向けた目標を達成するため、総額70億円の寄付を呼びかける。だが、足元では数億円ほどしか集まっていない。実は、125周年時も多摩キャンパスに複合施設「21世紀館」（仮称）を建設しようと寄付を呼びかけたが集まらなかった経緯がある。

中央大学は地方出身者比率が高い
―入試合格者の地域別比率―

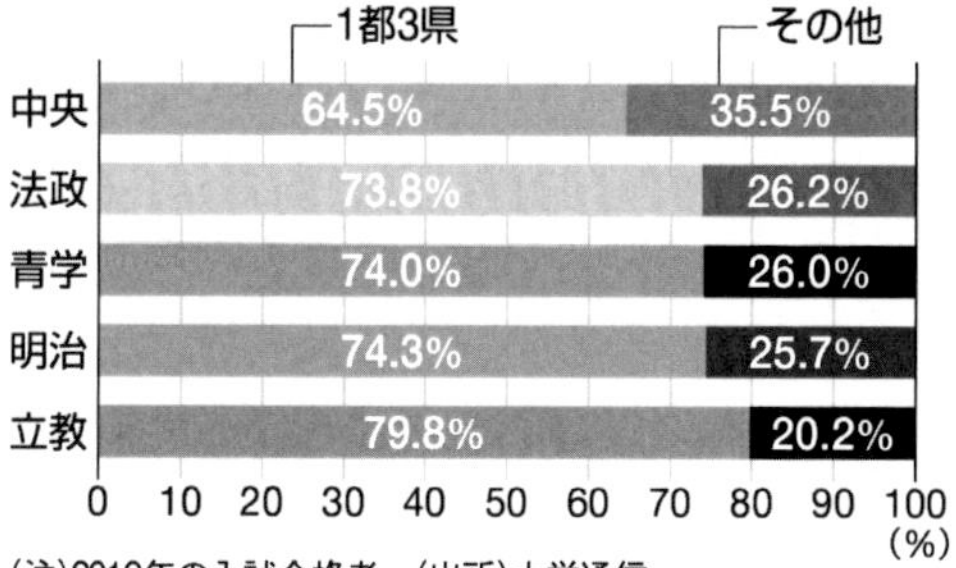

(注)2019年の入試合格者　(出所)大学通信

中央大学は寄付額が少ない
―MARCHの寄付金収入―

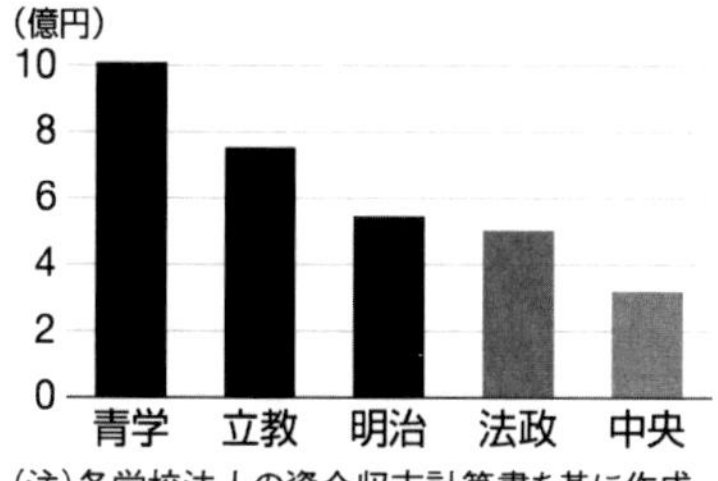

(注)各学校法人の資金収支計算書を基に作成。2016〜18年度の寄付金収入の平均額。現物寄付などは含まれない

大学側は、法学部の都心移転とロースクールの施設建設などで、３００億円の事業費がかかると見積もっている。木下澄雄・募金推進事務局長は「看板、法学部移転の意義を伝え、法人、個人に寄付を訴えていきたい」と話す。

卒業生からの寄付が少ないことから、ＭＡＲＣＨ他大学からは「ＯＢ・ＯＧの愛校心がない大学」と言われている中央。大学側は卒業生に頭を下げて寄付を集め、移転費用などを補えるか。眠れる獅子が本当に目を覚ますためには、卒業生との一体感が不可欠だ。

（林　哲矢）

国際系新設に法学部移転　中央を国際基準で改革

中央大学　学長・福原紀彦

——26年ぶりに新学部をつくりました。他大学が相次いで国際系の新学部を設けてきたのに、中央大学は遅れた印象があります。

これまで各学部を国際化しようという取り組みを続けてきた。だが、そこに限界があった。ナショナルスタンダード（国内基準）を背景に生まれた既存学部を、グローバルスタンダード（国際基準）の水準にまで変えるのは難しい。そこで国際基準による学部をつくろうと考え、学部の新設に至った。

中でも2019年の4月に開設した国際経営学部は国際基準でつくった学部。英語で行う授業の履修だけで卒業でき、海外留学を必須としている。9月入学の制度も設け、海外出身の学生も入学しやすい。留学生の受け皿となる学部と位置づけており、中央の仕組みそのものを変える存在になると期待している。

国際経営学部に加えて、2つの建物の完成が国際化のさらなる推進役となる。2020年4月から供用を開始する「グローバル館」と「国際教育寮」だ。

グローバル館は教育や研究の場として活用し、国際経営学部の授業も行う。また国際教育寮は留学生と日本人学生がともに生活する寮だ。両方とも多摩キャンパス（東京都八王子市）内に置くことで、キャンパスの国際色が豊かになる。オンキャンパスで国際的な学びや生活を体験できる点が特長だ。このように「学修経験時間」を豊かにすることで、日本人学生にもよい刺激となる。

――19年新設の国際情報学部は都心にキャンパスを置きました。

国際経営学部と同時に新設した国際情報学部は、市ヶ谷田町キャンパス（東京都新宿区）に設けた。2023年には法学部が都心（東京都文京区大塚、最寄り駅は東京メトロ丸ノ内線茗荷谷駅）に移転する。既存の多摩キャンパスと併せ、都市型、郊外型の両方のよさを持てる。「デュアルキャンパス構想」と呼んでいる。

都心にはITと法を学ぶ文理融合型の国際情報学部と法学部、そして後楽園キャンパス（東京都文京区）にある理工学部を配置する。その結果、新しい形の文理融合が生まれると期待している。

法学部で5年一貫教育

――法学部を都心に移転する意図を教えてください。


法学部の移転は大学院構想とも連携している。20年度から始まる法学部3年＋法科大学院2年の一貫教育制度「法曹コース」に沿ったカリキュラムを展開するためだ。そのため、現在の駿河台記念館（東京都千代田区）。中央の多目的施設）を建て替え、ロースクールを移転する。

都心にキャンパスを持つことでリカレント（社会人になってからの学び直し）教育にも力を入れられる。都心の立地は企業や弁護士事務所に近く、通いやすくなる点も魅力だ。

中央が駿河台にあった時代には、さまざまな背景を持った人が大学にいた。昼間に弁護士事務所で働きながら夜間の学部に通う人、法律の勉強をしたいと昼間に国税庁や日本銀行で働きながら通う人などだ。そういった人々と同じ場で学び話すことで、さまざまな発見や刺激があった。かつてのような豊かな学修経験時間を持てる空間を取り戻したい。

――多様性を大事にしているということでしょうか。

社会人学生に代表されるように、多様性を維持しようとしている。今でも地方の学生を集めるために、各地に受験会場を設けている。手間がかかるし大変だが、全国型大学の地位を維持し、さまざまな学生を集めるためには必要なことだ。「全国から学生を集めるのをやめ、首都圏から学生を集めたほうが効率的では」とも言われるが、今後も続けていく方針だ。

——取材を受けるに当たり抗議したいことがあると。

ぜひとも言いたいことがある。大学をＭＡＲＣＨなどとひとくくりにして取り上げるのは納得できない。マスコミも予備校も、そういったまとめ方に意味があると思い込んでいる。だが、大学というのはそれぞれ個性があり、比べる対象ではない。早慶上智やＭＡＲＣＨなどといったくくりでしか大学を見ない社会は世界基準ではない。既存の偏差値や大学序列、企業の規模にこだわり進学先や就職先を選んでいたら、変化の多い社会で時代に対応できなくなる。

福原紀彦（ふりがな）

１９５４年生まれ、滋賀県出身。７７年中央大学法学部卒業、８４年中央大大学院博士課程単位取得満期退学。中央大法学部教授、総長などを経て２０１８年５月から現職。

（聞き手・林　哲矢）

法政大学

学部学生数 2万8843人

大学院生数 1891人

教員数 745人

学部 15学部

キャリアデザイン、グローバル教養、経済、経営、現代福祉、国際文化、社会、スポーツ健康、デザイン工学、人間環境、文、法、情報科学、生命科学、理工

学費 435万2000円

1880年	在野の法律家・金丸鉄と伊藤修らによって東京法学社として設立
1920	法学部、経済学部を設置
50	工学部を設置
52	社会学部を設置
59	経営学部を設置
99	国際文化学部、人間環境学部を設置
2000	現代福祉学部、情報科学部を設置
03	キャリアデザイン学部を設置
07	工学部3学科を改組転換し、デザイン工学部を設置
08	理工学部、生命科学部、GIS（グローバル教養学部）を設置
09	スポーツ健康学部を設置

【法政大学】国際化の進展で女子学生が増加

「男くさい」「別名、飯田橋体育大学」「激しい学生運動」――。東京六大学の一角を占める名門大学であるが故に、マイナスイメージも付きまとっていた法政大学。昭和の時代は「バンカラ」の代表格だったが、平成を経て令和の今は、時代の先端を走る「ハイカラ」大学へと変化を遂げた。その牽引役は国際化だ。

法、経済、経営、社会、文、工の6学部だった同大学は、2000年前後から学部数を増やしていった。今やMARCH5大学の中でも最多となる15学部を誇る。その中で、注目を集めるのが国際系の2学部だ。

1999年に国際文化学部を、2008年にグローバル教養学部（GIS）を新設。英語を中心としたカリキュラムで、グローバル化時代に対応できる人材を育てている。

ＧＩＳは偏差値（１９年、進研模試）が７３と、法政の中でも最難関の学部で、ＭＡＲＣＨ全５４学部の中でも5位に位置する。早稲田大学の人間科学（同７２）やスポーツ科学（同７０）をも上回る。

ＧＩＳは1学年の定員数が１００人ほどと少ない。法政の付属高校出身者が、「ＧＩＳに内部進学できるのは学年でも数人。校内の成績がトップクラスでないと入れない」と語るほど、付属校生から見ても入学の難易度は高い。

学部長は香港出身のダイアナ・コー氏。全ての授業は英語で行われ、海外留学の制度も充実している。少人数制で学生と教員の距離も近く、欧米型のリベラルアーツ（教養）教育の仕組みを整えている。

同じく国際文化学部も法政の国際化を担う存在だ。学部の入試偏差値は７１と、法政の中ではＧＩＳに次いで高い。全学部生に海外留学を課しており、中国語圏やスペイン語圏へ留学する学生もいる。「グローバルな時代とともに多様な文化を理解できる人材が育つようなカリキュラムを設けている」と、国際文化学部長を務めた経験もある熊田泰章副学長は語る。

グローバル化に力を入れている
—法政の主な国際プログラム—

プログラム名	概要
GIS （グローバル教養学部）	少人数環境の下、すべての授業を英語で展開。グローバルリーダーを育成
国際文化学部	卒業には海外留学が必須。英語圏以外に中国語圏やスペイン語圏にも学生は留学
GBP（経営学部）、 SCOPE（人間環境学部）、 IGESS（経済学部）	専門科目を含めて授業を英語で行い、学位を取得。留学生などに人気が高い
ERP （英語強化プログラム）	ネイティブスピーカーなどの講師が英語の4技能を伸ばす。全学部の学生が対象
グローバル・オープン科目	各学部の専門科目を英語で教える。他学部生も受講可

他学部も英語で講義

「In economics, elasticity is …（経済学における弾力性とは――）」

19年11月、市ケ谷キャンパスの一角では、英語による経済学の講義が行われていた。いま法政が力を入れる「英語による学位取得」の講義だ。教えるのはコンゴ民主共和国出身のカレンガ・ゴイジョン専任講師。授業には日本人だけでなく、中国、韓国、台湾、ベトナム、インドネシア、コートジボワール、ルワンダなど、世界中から集まった学生が参加する。

法政はこうした英語での学位取得を他学部にも広げている。経営学部や人間環境学部などでも、英語だけで卒業・学位が取れる仕組みを整備している。「日本の大学で学位を取りたいと考える外国人留学生の受け皿になっている」（熊田副学長）という。

そうした取り組みによって、海外からの留学生が急増。14年度には約900人だった外国人留学生（学部生、大学院生、交換留学生などの合計）は、18年度に約1400人と6割も増加。日本男児が闊歩していた法政は、国際色豊かなキャンパスになってきた。

留学生が増えるにつれ、日本人学生も英語を使う機会がおのずと増え、大学側も英語学習の機会を設けている。例えばキャンパス内には「Gラウンジ」と呼ばれる場所がある。外国人留学生や英語学習アドバイザーといったネイティブスピーカーが待機。日本人学生が自由に訪れて、外国人と気軽に雑談できるようにしている。

さらに授業で使う言語も、日本語から徐々に英語へとシフトしている。英語で行う科目数（グローバル・オープン科目）は、19年に172と2年前より3割増加。日本人学生の受講者数も増え続けている。

国際系学部を設立した効果は、キャンパス国際化の後押しだけではなかった。語学を身に付けられる国際系学部は女子に人気のため、女子学生の割合がじわじわと上昇。1971年度には8%と全学生の10分の1足らずしかいなかった女子学生は、直近の19年度には38%まで増えている。

キャンパス内を歩いても、女子学生を多く見かけるようになった。かつてのような「男くささ」とは180度違う光景だ。田中優子総長が「国際文化学部などを中心に留学を希望する女子学生が多い。グローバル化した法政大学に入りたいと考える女子受験生が集まっている」と話すほどだ。

女子学生が増えた理由は国際化だけではない。キャンパス整備も一因だ。

かつて「左翼団体がスピーカーで演説する風景が学内では当たり前。学内では『ボリシェビキ（ロシア革命を主導したウラジーミル・レーニンによる左派の一派）新聞』というマルクス思想を訴える学内紙が配られていてビックリした」と40代の卒業生は振り返る。

この20年で市ケ谷キャンパスは様変わりした。左派系団体が占拠した「学生会館」はすでに取り壊された。地上27階・地下4階建ての「ボアソナード・タワー」の周りには、16年に「富士見ゲート」、19年に「大内山校舎」が相次いで完成している。同キャンパスでは現在も工事が進む。19年の3月にはモダニズム建築の代表的な建物として有名だった「55・58年館」の解体工事が始まった。21年1月に、校舎群に取り囲まれた真ん中に中央広場ができ、キャンパス整備は完了する予定だ。

新しい建物が増えるにつれ、雰囲気も変化。おしゃれなカフェを思わせる学生食堂や、外堀を見下ろせるオープンテラスがある。

増えたのは女子学生だけではない。全体の志願者も拡大している。

早慶（早稲田、慶応）MARCH7大学で志願者数を比べると、2000年は早稲田の10万5228人がトップで、明治は7万6459人、法政は7万3610人だった。しかし、17年には法政が11万9206人と、早稲田の11万4983人、明治の11万3507人を抜き首位に。19年も11万5447人と7大学中トップを維持している。全国の大学でも近畿大学に次ぐ数字だ。

■ 法政は志願者数で早稲田、明治を追い抜いた ―早慶MARCHの志願者数―

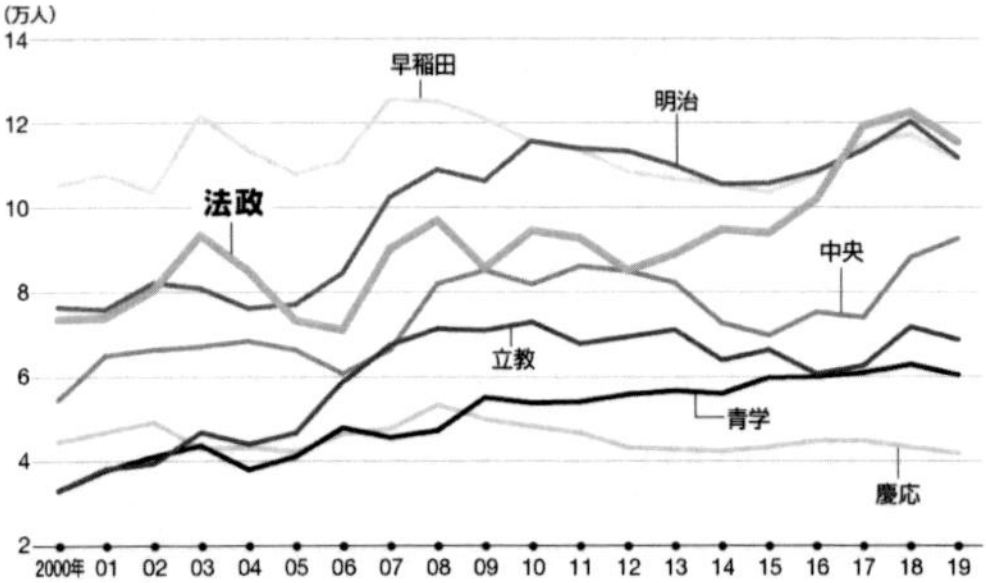

(出所)大学通信

模索する法政らしさ

ただし、変化に伴い失ったものもある。それは法政らしさだ。学部の増加で教員、学生数が増え、国際化が進み、女子学生比率も高まった。その結果、「『法政の個性とは何だろうか』と考えざるをえない機会が増えた」(田中総長)という。喪失した法政アイデンティティーを取り戻そうと取り組んでいるのが、ブランディングの強化だ。

田中総長の就任とともに、「ブランディング戦略会議」を設置。2014年7月から1年半かけて、「法政大学とは何か。法政の内側にあるものを言語化し、中にいる人が納得する言葉を徹底的に探す作業を続けた」と総長室長の平塚眞樹・社会学部教授は振り返る。その結果、「自由を生き抜く実践知」というフレーズを、法政大学憲章として定めた。

16年4月からは法政大学憲章の認知度を高める作業に取り組んでいる。ブランディング推進チームを設け、学内での広報に力を入れている。20年には、付属高校を対象に高校生が憲章を学ぶテキストを作成する計画。将来の法政を担う高校生たちに法政大学の特長を伝えていく考えだ。

さらに20年4月には市ケ谷に「HOSEIミュージアム」を開館した。「憲章で自分たちの個性を言葉にした。次は見せる場を設ける。法政のよさを伝える空間にしたい」と平塚教授は言う。

またキャンパスが分散しているのも課題だ。「法政らしい多様性を確保するためには、さまざまな学部が同じキャンパスにあるほうがよい」と田中総長は語る。文系学部は市ケ谷と多摩に分かれており、「多摩キャンパスには行ったこともなく別の大学のよう」（文学部生）との声も上がる。そして郊外にある多摩は学生、受験生から不便に映る。「多摩にある学部の一部を、どうにかして市ケ谷へ移せないか検討している」（奥山利幸副学長）という。大学の規模拡大とともに、新たな課題にも直面している。


（林　哲矢）

INTERVIEW　総長に聞く

法政らしさを再発見　ブランディングに注力

法政大学　総長・田中優子

――法政大学はこの20年間で規模を拡大しました。

１９９０年代から学部を増やした結果、かつての６学部が今は１５学部もある。学生、教員数も増え、国際化も進んだ。しかし、都心にある他大学も同じように学部を増やし、国際化を進めてきた。そうすると法政がほかと同じように見えてくる。「この大学はどんな大学なのか」、一言で表現できなくなってしまった。そうした状況に、卒業生として、教員として危機感を持っていた。

かつての法政は極めて特色のある大学だった。研究や教育の歴史を積み重ね、自由で物事を突き詰めて考える、という校風だ。例えばバンカラというイメージ。スポーツが強く、応援団が目立っていた。学生運動も盛んで、活発に議論を交わす空気が学内に流れていた。同級生たちと自由に議論する中で「さまざまな考え方がある」ということを学んだ。また地方出身者の学生も多く、環境の違う人たちと交わることで、幅広い視点が身に付いた。

バンカラ的なものは嫌いではない。汚くても、破れていても、貧しくても気骨があればいいというパンクロックみたいな感じは悪くなかった。でもそうした法政の特徴がだんだん失われていった。

――そこで法政らしさを見つめ直そうと、ブランディングに取り組んだのですね。

大学が大きくなるにつれて、自分が知っている法政の姿と、外から見る法政の姿が大きく違うことに気づいた。個性のない法政に陥ってしまえば、受験する高校生も法政を選ばなくなる。

そうした状況を変えようとブランディングに力を入れることにした。専門の会議を立ち上げ、ワークショップを通じて、法政の特徴を洗い出し、言葉を抽出していく。

さらにどういう言葉に落とし込むのかを整理していく。その過程で、「自由」と「実践知」という言葉にたどり着き、2016年に法政大学憲章として「自由を生き抜く実践知」を定めた。

ブランディングをさらに推進させるために、「HOSEIミュージアム」の開館を20年4月に予定している。法政が持つさまざまな資産を展示し、学校のよさを知ってもらいたいと考えている。

法政は市ヶ谷（東京都千代田区）、多摩（東京都町田市）、小金井（東京都小金井市）にキャンパスが分かれている。さまざまな分野、研究、教育をまとめ、つなげる場としてミュージアムを活用したい。卒業生にも法政の歴史や研究を知ってもらうことができる。

ランキングは追わない

――キャンパスが都心、郊外の3カ所に分かれていることにデメリットも感じますか。

さまざまな人と出会えるという意味でも、大学は1カ所にあったほうがいい。学生からは「自分の専門だけではなく、ほかの学部の授業を受けたい」という声もある。キャンパスが分かれていると、取りたい授業をうまく取れない。とくに今は文系、理系という形で分けるような時代ではない。データサイエンスをはじめとして、文系の学生にも論理性が必要だ。文系も理系も含めて、同じキャンパスにあったほうがいい。

今は23区内の定員規制（東京23区内にある大学の定員増を原則10年間認めないとした国の方針）により、学部を移転させ、キャンパスを統合することは難しい。ただ、将来に備えて市ヶ谷周辺にまとまった土地があれば、少しずつ確保していく考えだ。HOSEIミュージアムを建設する場所も、18年購入したばかりだ。キャンパスの統合は目指すべき方向だ。

また、キャンパスに通わなくてもよい方法も考えている。例えばオンデマンドでの授業配信などだ。時間と場所にとらわれない24時間キャンパスが実現でき、通学の不便さも解消できる。

――大学ランキングは意識していますか。

そこまで意識していない。「頭のどこかに置いておく」といった程度だ。なぜなら評価はすべて一面的だからだ。THEやQSなどの世界大学ランキングは、英語での研究が重視される。そうした点を十分に理解したうえで、順位を上げようということはしない。ランキングを上げるために研究成果を出そうとするのは、本末転倒だろう。ランキングの数字を追いかけることで壊れてしまう部分もある。

（聞き手・林　哲矢）

田中優子（たなか・ゆうこ）

1952年生まれ、神奈川県出身。74年法政大学文学部卒業、80年同大大学院人文科学研究科博士課程を単位取得満期退学。同大社会学部教授などを経て2014年4月より現職。専門は江戸時代の文学、生活文化。

大学ランキングが映し出すMARCH内の「教育格差」

受験生や親が志望校研究をするうえで、偏差値とともにしっかり把握しておきたいのが、大学の教育力だ。MARCHの中で「教育格差」はどの程度あるのか。総合力に加え、大学の競争力をとくに左右する研究力、国際力の3つの観点から、総点検してみよう。

総合的な教育力を見るために今回用いたのが、英高等教育専門誌タイムズ・ハイヤーエデュケーション（THE）が日本向けに指標を再構成した「世界大学ランキング日本版」だ。学術研究の成果が評価項目の6割を占める世界版の大学ランキングでは、自然科学分野の研究に強い理系大学が有利になり、MARCHのような文系学部中心の大学にはハンディがある。実際、2020年版では、立教大学が800～1000位タイ、明治大学、青山学院大学、法政大学、中央大学は総じて1001位以下となっている。

対して日本版は、重点を置く指標が異なる。教育環境や、学びの質、学生の成長性を重視した「教育リソース」「教育充実度」「教育成果」「国際性」の4指標からなる。とくに指標スコア全体の3割を占める「教育充実度」に、約4万人の大学生と約2000校の高校教員への調査から得た生の声が反映されているのが特徴だ。

ランキングを見ると、トップ1〜9位は旧帝大クラスの大学が占める。いずれも「教育成果」が90点台と高いのが特徴だ。次に、留学生の送り出しや受け入れに熱心で「国際性」のスコアが満点の秋田の国際教養大学や、国際基督教大学が続く。早慶、上智などがその次に位置する。

MARCHの中で最上位の41位にランクインしたのは、立教だ。少し間が空いて53位に中央、54位に明治、56位に法政と3校が肩を並べる。最下位は、78位の青学だった。全体の特徴としていえるのは、卒業生への外部評価で構成される「教育成果」で早慶に水をあけられた一方、学生や高校教員からの評判による「教育充実度」はいずれも70点台の高いスコアになっていること。早慶とは同等で、地方国公立を上回る水準だ。

日本版大学ランキングでは、立教が善戦

順位	大学名	総合(点)	教育リソース(点)	教育充実度(点)	教育成果(点)	国際性(点)
1	京都大学	82.0	84.4	78.8	98.4	69.8
2	東京大学	81.9	87.0	79.9	97.3	63.8
3	東北大学	80.2	82.5	80.9	95.6	63.2
4	九州大学	79.5	76.9	77.2	96.9	73.4
5	北海道大学	79.3	74.3	81.7	93.7	72.8
〃	名古屋大学	79.3	77.6	80.3	95.7	67.8
7	東京工業大学	79.0	77.5	76.7	93.5	73.4
8	大阪大学	77.9	78.8	77.1	96.6	62.4
9	筑波大学	77.5	74.3	84.5	90.4	61.8
10	国際教養大学	76.7	51.4	92.4	72.0	100.0
11	国際基督教大学	72.7	54.3	90.4	50.1	95.4
12	広島大学	71.8	66.7	78.2	74.0	69.3
13	**早稲田大学**	71.5	**53.1**	**79.9**	**93.6**	**72.4**
14	**慶応大学**	70.4	**60.5**	**76.3**	**95.9**	**58.0**
15	一橋大学	68.5	52.4	77.8	81.4	71.8
16	神戸大学	68.0	66.7	73.2	80.0	52.7
17	上智大学	67.9	45.9	83.5	66.8	83.0
18	金沢大学	66.6	65.8	76.1	60.6	58.8
19	千葉大学	66.4	64.6	75.2	72.9	51.2
20	東京外国語大学	65.9	44.9	80.1	66.3	80.2

35	同志社大学	60.4	42.4	77.5	66.0	60.8
36	東京理科大学	60.3	55.5	77.4	71.6	—
37	関西学院大学	60.0	41.3	78.3	60.2	64.3
38	大阪市立大学	59.9	66.1	64.0	66.8	37.8
39	首都大学東京	59.7	59.2	69.0	61.4	45.3
40	長崎大学	59.6	61.7	69.2	53.5	46.4
41	**立教大学**	**59.4**	**39.3**	**79.6**	**59.0**	**63.4**
〃	豊田工業大学	59.4	72.6	57.8	47.3	49.0
48	学習院大学	57.3	43.9	70.4	56.6	61.0
〃	大阪府立大学	57.3	62.7	58.4	66.1	39.4
51	神戸市外国語大学	57.2	36.8	63.7	53.4	85.0
52	山口大学	56.6	54.3	70.7	50.4	44.3
53	**中央大学**	**56.5**	**46.1**	**72.0**	**59.1**	**48.9**
54	**明治大学**	**56.4**	**42.9**	**73.9**	**63.1**	**47.8**
55	岐阜大学	55.9	64.9	54.2	55.8	43.2
56	**法政大学**	**55.8**	**39.8**	**76.7**	**58.8**	**49.2**
57	津田塾大学	55.6	39.4	77.5	52.4	53.0
〃	福井大学	55.6	61.1	61.2	49.8	42.5
59	山形大学	55.5	56.6	71.3	55.0	—
60	関西大学	55.4	44.1	72.1	60.6	45.8
〃	鳥取大学	55.4	61.7	60.0	56.8	36.8
78	**青山学院大学**	**52.8**	**40.4**	**73.6**	**56.2**	**40.0**
79	秋田県立大学	52.7	58.0	63.6	53.9	—
〃	京都外国語大学	52.7	34.2	56.7	48.9	81.0
〃	創価大学	52.7	37.4	55.2	47.8	79.0
〃	北九州市立大学	52.7	34.8	72.2	48.3	57.4

(注)指標の詳細は、(https://japanuniversityrankings.jp/method/)参照
(出所)「Times Higher Education 世界大学ランキング日本版 2019」を基に本誌作成

【　1. 総合力　】

各評価項目の内容

教育リソース＝5項目／34%

- □ 学生1人当たりの資金（8%）
- □ 学生1人当たりの教員比率（8%）
- □ 教員1人当たりの論文数（7%）
- □ 大学合格者の学力（6%）
- □ 教員1人当たりの競争的資金獲得数（5%）

教育充実度＝5項目／30%

学生への調査
- □ 教員・学生の交流、協働学習の機会（6%）
- □ 授業・指導の充実度（6%）
- □ 大学の推奨度（6%）

高校教員への調査
- □ グローバル人材育成の重視（6%）
- □ 入学後の能力伸長（6%）

教育成果＝2項目／16%

- □ 企業人事の評判調査（8%）
- □ 研究者の評判調査（8%）

国際性＝4項目／20%

- □ 外国人学生比率（5%）
- □ 外国人教員比率（5%）
- □ 日本人学生の留学比率（5%）
- □ 外国語で行われている講座の比率（5%）

（注）教育充実度は、ベネッセコーポレーションが学生と高校の進路指導担当教員を対象に行った調査の結果

国際性で慶応上回る立教

では、大学ごとに分析してみよう。立教で際立つのは「国際性」の高さ。他大学が40点台であるのに対し、立教は63・4点と、慶応をも上回る。立教は、14年に国際化に関する事業構想を発表し、文部科学省の「スーパーグローバル大学創成支援」(SGU)の採択校にもなった。英語のみで行われる授業や海外派遣プログラムの拡充を進める。

もう1つがMARCHで最も高い「教育充実度」。こちらも慶応を上回り、早稲田に迫るスコアだ。16年度から学生一人ひとりの習熟度に応じて授業の履修プログラムを組める制度を導入するなど、きめ細かい対応が学生や高校教員からの高評価の理由だろう。

教育充実度で立教に次ぐ高スコアだったのが法政だ。マンモス校ながら少人数で英会話を学ぶ「ERP(英語強化プログラム)」や、2003年に設置された「キャリアデザイン学部」に代表されるキャリア教育の充実などが高評価につながっている可能性がある。

一方、MARCH内で最下位の青学は、「英語の青山」との呼び名に反して国際性が40点と振るわない。大学によれば、自己申告制の日本人学生の留学人数データが過少だった。それでも、外国語で行われている講座の比率、外国人学生比率で見劣りする。

国立の難関校や早慶が優勢の「教育成果」でMARCH最高の63・1点だったのが明治。この指標には国内企業人事の評判調査の結果が反映される。「就職の明治」と呼ばれ、大学通信が発表する「有名企業400社への実就職率が高い大学（19年度版）」ランキングでも23位につけた明治だが、卒業してからも企業に優秀人材として評価されていることが裏付けられた。

理系研究弱いMARCH

研究力が問われる「教育リソース」では、案の定MARCHすべてが40点台以下と不振だった。世界大学ランキングの研究や論文引用に関するスコアを見ても、MA

RCHの研究力は世界レベルと比べて遠い場所にある。

THEの世界大学ランキングの世界版は、個別の指標の1つに「研究」がある。そのスコアを見ると、全体の1位は英オックスフォード大学で99・6点、日本のトップは東京大学の89・6点（全体17位）になっている。

それに対してMARCHは、中央が10・3点（全体1141位、日本74位）、法政が9・7点（全体1204位、日本88位）、立教が8・9点（全体1265位、日本99位）、明治が8・6点（1298位、日本104位）、青学が7・9点（全体1338位、日本108位）。評判調査や研究者1人当たりの論文数、職員1人当たりの研究収入から算出されるスコアだが、トップの10分の1の数字にしかならない。

なお、同ランキングの「論文被引用数」のスコアでは立教が671位と気を吐いているが、それ以外のMARCHは1000位前後にとどまる。

私立大学は、教育を重視する設立経緯があり、研究に専念できる環境を整える国立大とは考え方が異なる。また、国の研究費予算についても、理系学部のウェートが高い国立大に集中する傾向がある。

次表は、19年度の政府が支出する科学研究費補助金の採択件数を研究機関別にランキングしたものだ。トップは東大で4000件近くに達する。配分額（新規＋継続分で間接経費を含む）は、約220億円だ。上位には旧帝大を中心に国立大が並ぶ。私立大は、1110件で11位の慶応、1040件で12位の早稲田が食い込んだ程度だ。

【2. 研究力】

研究機関別の科研費採択件数ランキング

順位	大学名	採択件数（件）	新規＋継続案件の配分額（億円）
1	東京大学＊	3,995	220.11
2	京都大学＊	2,898	128.76
3	大阪大学＊	2,591	108.86
4	東北大学＊	2,480	96.71
5	九州大学＊	1,865	68.40
6	名古屋大学＊	1,796	82.15
7	北海道大学＊	1,694	63.27
8	筑波大学＊	1,273	42.02
9	神戸大学＊	1,144	32.03
10	広島大学＊	1,135	26.46
11	**慶応大学＊**	**1,110**	**33.00**
12	**早稲田大学＊**	**1,040**	**29.56**
13	岡山大学＊	912	23.42
14	金沢大学＊	905	20.65
15	東京工業大学＊	876	44.38
16	国立研究開発法人 理化学研究所	847	49.59
17	千葉大学＊	830	23.45
18	新潟大学＊	781	18.06
19	熊本大学＊	696	17.99
20	東京医科歯科大学＊	676	16.88
55	**明治大学＊**	**305**	**6.71**
69	**法政大学＊**	**245**	**4.17**
71	**中央大学＊**	**244**	**5.05**
87	**立教大学＊**	**196**	**4.58**
114	**青山学院大学＊**	**145**	**3.39**

（注）科研費の配分対象には、大学に加えて研究機関が入る。＊は大学、無印は研究機関
（出所）日本学術振興会「科学研究費助成事業の2019年度実績」を基に本誌作成

MARCHはさらに下で、最上位が明治の55位。法政が69位、中央が71位、立教が87位、青学が114位に位置する。東大と比べると採択件数は10分の1以下、配分額に至っては、3億〜6億円台で、東大や京都大学と桁が2つ違う。国立大では予算規模が大きい理系の研究を多く行っているためだ。

ただ、学問分野別の採択件数で見ると、明治が「歴史学、考古学、博物館学」で7位、「政治学」で8位のほか、「経済学、経営学」で法政が6位に入るなど、存在感を示している。

世界ランキングで存在感を出すためには、英語での論文執筆や研究予算の確保など、成果を上げるための工夫が必要だろう。

奨学金で留学促す

最後に見るのが国際力。大学が公表している数値と、小社刊『本当に強い大学2019』で行ったアンケート調査を基に、とくに留学（学生の派遣と受け入れ）を中心とする指標で比較した。

海外派遣者、受け入れ留学者ともに２０００人台と最大だったのが、学生数が約３万人と多い明治。もっとも、海外留学施策に力を入れ始めたのはここ１０年のこと。２００９年の海外への留学者は３５５人にすぎなかった。

■海外積極派遣の立教、受け入れ数トップの明治

大学名	明治	青学	立教	中央	法政	早稲田	慶応
海外派遣者（人）	2,141	869	1,394	900	1,666	4,629	1,908
学生数に占める海外派遣者の割合（%）	6.4	4.5	6.7	3.4	5.4	9.3	6.3
受け入れ留学者（人）	2,275	656	922	864	1,403	7,942	2,103
協定校数（校）	342	146	190	192	244	712	224

（注）海外派遣には、留学に加え、研修やインターンシップなども含む。学生数は、学部＋大学院
（出所）各大学の2018年度事業報告書やHPの記載、取材などを基に本誌作成。協定校の数は、各校へのアンケート調査（19年２～３月に実施）を集計した『本当に強い大学2019』（小社刊）による

その後、政治経済学部が主導し、留学前の基礎英語力強化や奨学金の拡充、留学先と明治両方の学位が取得できるダブルディグリー制度の拡充などを行った結果、17年度には1796人、18年度には2141人と、加速度的に派遣者数が増加した。14年には、立教や法政と同様、SGUにも採択された。その中で、23年度までに留学派遣、受け入れ者をそれぞれ4000人まで拡大させることを目標に据える。国際交流を担当する副学長の大六野（だいろくの）耕作氏は「目標を達成するために、全学で年間10億円の留学向け予算を組んでいる」と熱を込める。

中でも学生からの評判が高いのが、年間1・3億円規模の予算をつけている給付型の奨学金だ。協定留学、認定留学制度を利用した留学の場合、申請が通れば1年間の留学なら20万円、1学期なら10万円が給付される。さらに高額な支援を受けられるのが、17年に新設された「海外トップユニバーシティ留学奨励助成金」制度だ。米スタンフォード、米ペンシルベニア、英ケンブリッジ、米ハーバード大学など、世界版大学ランキングで100位以内に入る名門校に留学する場合、選考に通過した5人ほどに1学期上限300万円の奨学金が給付される。

法政も、留学促進のための金銭的支援を拡充する。世界に61ある法政の協定校へ半年以上留学した場合、地域に応じて1年間100万円（米国、英国、豪州など）か70万円（中国、台湾、タイなど）が給付される。

さらに、学部のカリキュラムに合わせた留学プログラムもある。文学部哲学科ならフランスとドイツの大学で合同ゼミを行う「国際哲学特講」、現代福祉学部ならばデンマークで行う海外研修、といった具合である。こうした取り組みが奏功し、18年度に前年度比約3割も海外留学者数を増やした。

立教は、学生数に占める海外派遣者の割合で明治をわずかに上回る。他大学と同様、充実した給付型奨学金制度を用意しているほか、海外研修をカリキュラムに組み入れたコースが複数ある。最難関の異文化コミュニケーション学部は1年間の海外留学が原則必須。17年からスタートした1学年20人程度の「GLAP（グローバル・リベラルアーツ・プログラム）」も同様だ。このプログラムには英語で行われる授業のみで卒業できるクラスもあり、海外からの留学生受け入れ増にも一役買っている。

MARCHとひとくくりにされがちな5大学だが、大学ごとに予算のかけ方や制度の進捗度は異なる。大学で何を身に付けたいかを明確にしたうえで、自分に合った大学を選ぶことが重要だ。

（印南志帆）

資格試験で独走する中央・明治は手厚い支援が売り

毎年、5大学合計で3万人近い卒業生を社会に送り出すMARCH。就活では、東大、京大などの旧帝大や早慶上智に次ぐブランド力がある。有力企業や人気企業では、いわゆる学歴フィルターが存在し、企業の採用担当からは「MARCH以上」の学生を採りたいとの声も聞かれる。地頭がよくて行動力があるというのが、大方のMARCH評だろう。

では実際の就職先はどうなのか。MARCHの中から、資格試験に強い中央と「就職の明治」と定評のある明治の2大学を中心に探っていこう。

中央といえば公務員試験や難関国家資格に強いことで知られる。2017〜19年度の国家公務員総合職（旧上級職）試験の合格者数は160人で、東大、京大、早慶、その他の旧帝大に続き9位だった。MARCHの中で中央の次に多いのが明治で86人、18位である。

17〜19年度の司法試験の法科大学院別（大学在学中、大学卒は含まず）の合格者数は、中央は329人で、慶応、東大、京大に次ぐ4位だ。18年度の公認会計士の合格者数は中央と明治が同数の77人で、慶応、早稲田に次いで3位だ。

中央で司法試験を目指す学生たちが通うのが多摩キャンパスの奥にある学生研究棟、通称「炎の塔」だ。ここには司法試験合格を目指す学生が自主的に組織した11の勉強会があり、総勢600人が所属する。学生は、OBの現役弁護士が教える自主ゼミや日々の勉強を通じて切磋琢磨し合う。中でも、通称「学研連」（学術研究団体連合会）と呼ばれる6団体は、厳しい入室試験に合格しないと入れない。

設立90年と最古の「玉成会」の場合、毎年10人以上の司法試験合格者を出している。学研連の研究室から1つ下の階には、ほかにも5つの会の部屋が並ぶが、学研連は「上」、その他は「下」と呼ばれ、ヒエラルキーがあるようだ。

自主勉強会に所属せず、大学が開設する司法試験向けの法職講座を受けることも可能だ。年2回の「定員資格更新試験」に合格すれば、「炎の塔」の中にある240席の自習ブースも与えられる。これで費用は4年間で33万円と、資格専門学校の1年分より安い。「炎の塔」は365日開いており、公認会計士を目指す学生も学ぶ。「元日一番乗りの学生は、試験に受かるというジンクスがある」と経理研究所の小島貞久・事務室長は話す。

資格試験では中央が圧勝

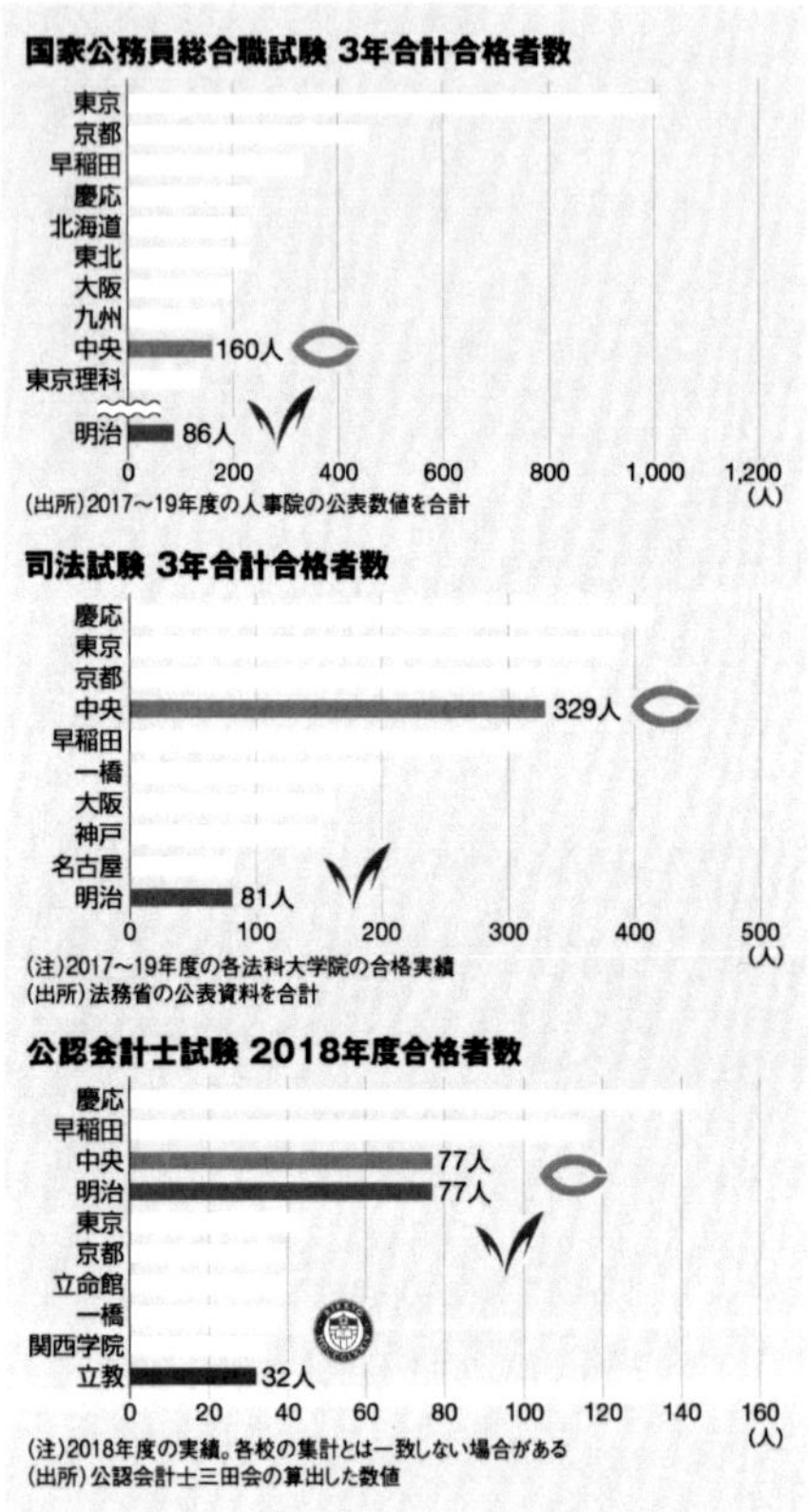

(出所)2017〜19年度の人事院の公表数値を合計

(注)2017〜19年度の各法科大学院の合格実績
(出所)法務省の公表資料を合計

(注)2018年度の実績。各校の集計とは一致しない場合がある
(出所)公認会計士三田会の算出した数値

「就活報告書」が武器

明治は昔から「就職の明治」ともいわれてきた。今ほど大学事務局が就活支援に熱心でなかったときから、学生を積極的にバックアップしてきた。

明治の就活生が厚い信頼を寄せているのが、キャリアセンターだ。ネットでの情報収集が容易な今、大学のキャリアセンターは学生の姿もまばら、という所も珍しくない。しかし、明治の場合は「学生1人当たり、年に4～5回は利用している」（就職キャリア支援部の原口善信氏）と盛況だ。

予約なしで利用できる相談ブースに加え、就職内定者が代々、書き残してきた「就活報告書」を見に訪れる学生は多い。「これを読むと採用試験の傾向と対策がわかる。採用試験前にはこれを読むためだけに登校していた」（明治の法学部のあるOB）と、情報戦の就活で強力な武器になっている。

もう1つの名物が、3年生の9月下旬に行われる「就活・進路ガイダンス」である。本格的に就活を始める学生向けの説明会で、参加率は9割。参加者に配られる「就活手帳」には、就活日程やマナーなど基本情報に加え、「一般職を受ける上で女子1人暮らしは不利か」という踏み込んだ内容も記載される。

就活に苦戦する学生の支援も手厚い。4年生の6月から始まるのが、「納得就職支援プログラム」だ。明大生を採用したい企業による学内選考会を行う。同支援部の船戸一治氏は「知名度が低くても、明大生を欲しがる優良企業は多い。最後まで面倒を見たい」と語る。明治の就職先は学生の人気が高い大手の金融、商社から製造業、サービスまで幅広い。採用する企業側からの評価の高さがうかがえる。

MARCHの主な就職先

【明治大学】 7857人（大学院含む）

1位：教員 95人

2位：東京都特別区 85人

3位：国家公務員一般職　68人
4位：日本郵政グループ　39人
5位：みずほフィナンシャルグループ　37人
6位：富士通　31人
7位：大和証券グループ本社　30人
7位：りそなホールディングス　30人
9位：日本電気（NEC）　29人
10位：東京都庁　28人

【青山学院大学】　4161人

1位：教員　87人
2位：日本航空　39人
3位：全日本空輸　35人
4位：三菱UFJ銀行　28人

5位：楽天　23人
6位：野村証券　22人
7位：あいおいニッセイ同和損害保険　20人
8位：三井住友海上火災保険　19人
8位：三井住友銀行　19人
10位：東京都特別区　18人

【立教大学】　4396人
1位：東京都特別区　48人
2位：三菱UFJ銀行　30人
3位：全日本空輸　28人
4位：日本航空　25人
5位：りそなグループ　23人
6位：三井不動産リアルティ　21人

6位：国家公務員一般職　21人
8位：三井住友海上火災保険　20人
9位：あいおいニッセイ同和損害保険　18人
9位：日本生命保険　18人

【中央大学】　5680人

1位：教員　90人
2位：国税庁　38人
3位：東京都庁　30人
4位：大和証券グループ本社　29人
4位：東日本旅客鉄道（JR東日本）　29人
6位：三菱UFJ銀行　28人
7位：ニトリ　27人
8位：りそなホールディングス　24人

9位：みずほフィナンシャルグループ　23人
10位：第一生命保険　20人

【法政大学】　6172人

1位：東京都特別区　64人
2位：公立教員　39人
3位：りそなグループ　30人
4位：オリックスグループ　27人
5位：JTBグループ　25人
6位：私立教員　23人
6位：富士ソフト　23人
8位：三井不動産リアルティ　22人
8位：野村証券　22人
10位：国家公務員一般職　21人

（注）2019年卒生の数値で、明治大学のみ大学院生を含む。就職先の名称は、大学によって集計方法が異なるため、各大学の表記に従って記載。
（出所）大学キャリアセンターおよび公表資料を基に本誌作成。

（印南志帆）

【誌上座談会】

MARCH生　就職力の実態

異文化理解やデータサイエンスなど、時代の要請に応えた新学部・学科を複数新設しているMARCH。入学試験の偏差値では、早稲田大学や慶応大学に迫る学部もある。

では、採用する企業はMARCH生たちの実力をどう評価しているのか。今回、MARCHの卒業生を多数採用する大手総合商社と大手保険会社の東京本社人事担当者に加え、学生と企業をつなぐ人材サービス会社の幹部に本音を語ってもらった。（個別の取材を基に座談会形式で構成）

【商社】大手総合商社・人事担当

【保険】大手保険会社・人事担当
【人材】人材サービス・会社幹部

MARCH以上が残る

――学生に人気が高い企業では、選考対象者を大学名で絞り込む「学歴フィルター」を設けていると聞きます。実際はどうなのでしょうか。また、MARCH生はボーダーラインなのでしょうか。

【商社】弊社の場合、採用時に出身校は見ていない。人事部が所持する名簿にも、学校名は記載していない。採用のたびに1万～2万件のエントリーがあり、その数を絞るために適性検査は行うが、それ以降はあくまで個人を見ている。

【保険】うちも学歴フィルターを設けていない。ただ、選考の中で適性検査を行い、結果として早慶MARCH以上の学生が残る傾向がある、というのは事実だ。

学習院大学もＭＡＲＣＨ群に入れているが、なにぶん絶対数が少ないので選考で会うのはレアケースだ。東京外国語大学や国際基督教大学の学生はもちろん欲しいが、こちらもなかなか来てくれない。結果、内定者の多くを早慶とＭＡＲＣＨが占めることになる。早慶だけで固めてしまうと多様性がなくなる懸念もあるので、ＭＡＲＣＨ生の採用は非常に重要だ。

【人材】企業の人事部と接しているが、大手企業の多くが、「ＭＡＲＣＨ＋学習院大学、東京理科大学以上」にターゲットを絞り込んで採用活動をしている。近年の傾向として、勢いのあるベンチャー企業が東京大学や早慶、上智大学の学生を先にゴソッと採用してしまっている。そのため、伝統的な大手企業が早慶の学生を十分に採れない状況になっている。

そこで、言い方は悪いが、採用人数確保の「調整弁」としてＭＡＲＣＨからの採用を増やしている。これまでＭＡＲＣＨ卒では歯が立たなかった最大手や外資系コンサルティング会社などから内定が出るケースも増えてきた。標準的な学生でも、そうした大手企業から2～3社内定をもらっている例は珍しくない。

むろん、東京大学、京都大学、早慶しか採らないという企業もある。外資系金融会社やコンサル大手の一部にそうした傾向が残っている。

――MARCHの中には、早慶に迫る偏差値の学部も出てきています。学生と接する中で、早慶との能力の差は感じますか。MARCHの中でも違いはあるのでしょうか。

【保険】正直なところ、早慶とMARCHの間に差はある。早慶の学生は一定以上の論理的な思考力があり、個性のある人が多い。ただ、最近は保険・金融業界の就職人気が下がり、早慶生に内定を出しても、「他業界に行く」と、蹴られてしまうことがある。

その点、早慶と渡り合えるレベルの学生がいるのが明治大学。MARCHの中ではいちばん優秀だと思う。何より、まじめだ。グループワークをやってもらうと顕著だが、与えられた課題をかみ砕き、ほかの人の発言を理解しようとする人が多い。そこで、明治の就活生に、採用の初期段階から手厚い対応ができるようにしている。

次点は中央大学。度胸の据わっている学生が多く、法学部生の優秀さはキラリと光るものがある。明治と中央は、営業部門を中心にバリバリ活躍している人が多い。

法政大学の学生は、コミュニケーション能力の高さが際立つ。保険業界は、営業現場のマネジメントがとても重要。その点、法政は現場の統率者として活躍してくれるイメージが強い。青山学院大学の学生もコミュニケーション能力は高いが、法政より上品なイメージがある。立教大学は、まじめにしっかりコツコツという印象。とくに女子が、転勤のない地域型の職種で採用されている。

理系なら早慶文系と同等

【人材】立教の女子学生の安定志向はＭＡＲＣＨの中でもとくに強い。お給料が少なくてもいいから、安定した生活を送りたいという学生が多い。実家暮らしが多いことも影響しているのだろう。

対照的なのが明治で、ハングリー精神と、高いプライドを感じる。体育会出身の学生は、大手メーカーや保険業界などを中心に評判も高い。明治に限った話ではないが、体育会で主将や主務を務めた学生を、大学が率先して企業に紹介した、という話も聞く。

青学の学生は、自分が優秀だと、「マウント」を取りたがる傾向がある。そして、とにかく大手志向が強い。ただ、単に理想が高いだけではなく、先ほど述べた「早慶不足」も手伝って、志望したところに入れている現実もある。とくに、中高からの内部進学生は、人脈があり、就活に関する情報力もある。

採用のマーケットの目線からいえば、早慶とMARCHの間には差があるし、MARCHはひとまとめにしている。学部ごとの違いも、それほど気にしてはいない。強いていえば、中央の法学部は少し個性的な人が多いくらいか。

出身学部で選ぶなら理系だろう。最近は、理系人材の獲得競争が激化しており、理系の学部に入ればMARCHでも早慶と同等の市場価値を得られる。

今、学生を企業に紹介し、採用が決まると成功報酬が支払われる新卒紹介事業が広がっている。そこでは、出身大学や学部ごとに紹介手数料を設定していることが多い。**その相場は、東大理系は150万円、東大文系と早慶理系は120万円、早慶文系とMARCH理系は100万円、MARCH文系は80万円**、といったところだ。

ただ、個人的には「理系だから採用したい」という風潮には疑問がある。現在は3年生の夏ごろから本格的に就活を始めるのが主流だが、早い人は1年生から始めている。一方、研究室に入ってより専門的な研究をするのは4年生から。会社が求める理系の「専門性」をどれだけ評価しているのだろうか。

【商社】弊社が選考で重視しているのは、自ら考え、何かをやりきった経験があるかどうか。留学でも研究でもいいので、「日本文化を紹介するために、海外で数千人規模のイベントを開いた」といった、何かにしっかりコミットしてきたか否かを見る。その点では、早慶の学生とMARCHの学生に差はない。MARCHごとのカラーの違いは正直わからないし、意識したこともない。

違いがあるとすれば、**国公立大学生と私立大学生の情報感度の差。都内私立の学生**

のほうが、アンテナを高く張っているように思う。キャリアセンターが手厚い支援をしていることも影響しているのかもしれない。就活に向け動き出すのが早い。

――入社後のキャリアに差は？

【保険】本社役員として出世していくのは、やはり国立大出身者が多い。現場の営業は早慶ＭＡＲＣＨが多く、本社課長クラスや、もっと上で活躍するＭＡＲＣＨ出身者もいる。

【商社】うちは、役員の出身大学を見ても実にさまざま。地方の国立大から、私立大まで……。上層部の出身大学を調べれば、その会社が学歴で人を見ているかがわかるだろう。

（構成・印南志帆）

【週刊東洋経済】

本書は、東洋経済新報社『週刊東洋経済』2019年12月21日号より抜粋、加筆修正のうえ制作しています。この記事が完全収録された底本をはじめ、雑誌バックナンバーは小社ホームページからもお求めいただけます。

小社では、『週刊東洋経済eビジネス新書』シリーズをはじめ、このほかにも多数の電子書籍ラインナップをそろえております。ぜひストアにて「東洋経済」で検索してみてください。

『週刊東洋経済eビジネス新書』シリーズ

No.309　先端医療ベンチャー
No.310　最強私学　早稲田　vs．慶応
No.311　脱炭素経営
No.312　5G革命
No.313　クスリの大罪

週刊東洋経済eビジネス新書　No.339
MARCH大解剖

【本誌（底本）】
編集局　林　哲矢、印南志帆、宇都宮　徹、常盤有未
デザイン　小林由依
進行管理　宮澤由美
発行日　2019年12月21日

【電子版】
編集制作　塚田由紀夫、長谷川　隆
デザイン　市川和代
制作協力　丸井工文社
発行日　2020年7月27日　Ver.1

発行所　〒103-8345
東京都中央区日本橋本石町1-2-1
東洋経済新報社
電話　東洋経済コールセンター
03（6386）1040
https://toyokeizai.net/
発行人　駒橋憲一

電子書籍化に際しては、仕様上の都合などにより適宜編集を加えています。登場人物に関する情報、価格、為替レートなどは、特に記載のない限り底本編集当時のものです。一部の漢字を簡易慣用字体やかなで表記している場合があります。本書は縦書きでレイアウトしています。ご覧になる機種により表示に差が生じることがあります。

※本刊行物は、電子書籍版に基づいてプリントオンデマンド版として作成されたものです。